테테로부르크가
사랑한 천재들

푸슈킨에서 차이코프스키까지

페테르부르크가
사랑한 천재들

초판 1쇄 발행 2014년 3월 25일
초판 2쇄 발행 2019년 1월 15일

지은이 조성관
펴낸이 정차임
디자인 신성기획
펴낸곳 도서출판 열대림
출판등록 2003년 6월 4일 제313-2003-202호
주소 서울시 영등포구 선유서로 43, 2-1005
전화 02-332-1212
팩스 02-332-2111
이메일 yoldaerim@korea.com

ISBN 978-89-90989-57-4 03900

푸슈킨에서 차이코프스키까지

페테르부르크가 사랑한 천재들

조성관 지음

열대림

차례

차이코프스키, 발레음악의 천재

쇼스타코비치, 러시아의 모차르트

일리야 레핀, 천 개의 얼굴

머리말

　외교관으로 정년퇴직한 나의 지인은 아주 특별한 경력의 소유자다. 그는 러시아, 캐나다, 미국, 중국, 브라질 5개 대국에서 근무한 특별한 경험을 했다. 한번은 그에게 어떤 나라가 가장 인상적이었는지를 물었다. 당연히 미국이나 중국이라는 대답이 돌아올 것으로 기대한 질문이었다. 뜻밖에도 그는 러시아라고 대답했다. 3년간 러시아를 경험하고 나서 그 동안 자신이 세상의 반쪽만 알고 있었다는 사실을 깨달았다고 했다. 이 말은 내게 커다란 울림을 남겼고, 이후 한시도 내 머릿속을 떠나지 않았다.

　2013년 상트 페테르부르크(이하 '페테르부르크')에서 G20 회의가 열렸다. 페테르부르크 G20 포스터의 이미지는 표트르 대제의 기마상. 우리나라 대통령이 페테르부르크 G20 회의에 참석하면서 이 심볼은 여러 차례 텔레비전 화면에 비춰졌다. 이것은 페테르부르크가 창안해 낼 수 있는 최고의 심볼이라는 게 나의 판단이다. 러시아 인들이 300년 이상 개혁 군주로 칭송해 온 인물이 표트르 대제 아니던가.

　페테르부르크에는 네 가지 별칭이 있다. 서유럽으로 난 창문, 바로

여름궁전   크 도시, 운하의 도시, 그리고 혁명의 요람. 네 가지 별칭의 연원을 따지고 들어가면 페테르부르크라는 공간에 저장된 삶의 연대기가 버추얼 리얼리티(VR)로 눈앞에 나타난다. 다섯 명의 천재가 살았던 시공(時空) 속으로 여행하려면 먼저 이 네 가지 키워드를 이해해야 한다.

먼저 '서유럽으로 난 창문'을 보자. 페테르부르크는 북위 59도 57분에 놓여 있다. 서울이 북위 36도에 있으니 서울보다 무려 23도나 높다. 페테르부르크는 발트 해의 동쪽 끝에 가로로 누워 있는 핀란드 만 끄트머리에 자리잡고 있다. 이 도시를 관통하며 흐르는 물줄기가 네바 강이다. 네바 강은 핀란드 만을 향해 웅장하게 물살을 일으킨다.

어느 곳이나 지리적 환경이 도시의 운명을 큰 테두리에서 결정한다. 페테르부르크는 여름에는 백야(白夜) 현상이 나타나고, 겨울에는 태양을 보기 힘들다. 새하얀 백야와 혹한의 어둠이 사람들의 심성을 형성했고, 이것이 시간의 발효 과정을 거쳐 문화 유전자가 되었다.

러시아는 장장 244년간 몽골의 지배를 받았다. 서유럽의 입장에서 보면, 러시아는 칭기즈칸 군대의 유럽 침략을 막아준 방파제였다. 러시아가 1236년부터 1480년까지 몽골의 말발굽 아래 신음하는 동안 서유럽은 발전을 거듭했다. 몽골의 지배로부터 벗어난 뒤로도 러시아는 오랜 세월 이웃나라의 침탈을 받았다.

17세기 초 북유럽의 강대국은 스웨덴이었다. 스웨덴은 지금의 핀란드 지역은 물론 네바 강 유역까지 장악했다. 러시아는 강대국의 조건을 갖추고 있었지만 스웨덴에 바닷길을 내준 채 약소국 신세를 면치 못했다.

1613년 로마노프 왕조 시대가 개막됐다. 1682년 차르(황제)가 된 표트르 대제는 서유럽과 교역할 수 있는 해상로를 확보하는 게 러시아 제국의 사활을 결정한다고 보았다. 대제는 이를 위해 독일, 프랑스, 오스트리아, 네덜란드 등을 둘러보며 서유럽 선진국의 기술문명을 견학했다. 네덜란드에서는 조선소에 위장 취업해 망치를 들고 배 만드는 기술을 직접 익혔다.

표트르 대제는 1700년 스웨덴과 전쟁을 벌여 마침내 네바 강 유역을 회복한다. 그리고 1703년 5월 27일 네바 강 유역에 스웨덴의 재침공에 대비한 요새를 건설하기 시작한다. 이게 도시의 시원(始原)

그리보에도프 운하와
그리스도 부활 성당

이다. 도시는 '상트 페테르부르크'라는 이름을 부여받는다. 성(聖) 표트르의 도시! 표트르의 독일식 발음이 '페테르'이고, 여기에 도시나 성을 뜻하는 독일어 '부르크(burg)'를 붙여서 말이다. 서유럽을 배우겠다는 의지의 표현이었다.

네바 강의 거친 물살을 가까이서 지켜본 사람은 누구나 절감한다. 표트르 대제는 어떻게 이런 곳에 수도를 세울 생각을 했을까. 네바 강 유역은 걸핏하면 강물이 범람하는 습지였다. 이런 열악한 조건 속에 표트르 대제는 도시 건설을 강행했다. 왜? 서유럽과 교역하려면 안전한 바닷길이 필요했고, 그러려면 강력한 함대를 보유해야 했다. 페테르부르크는 서유럽으로 나아갈 수 있는 최적의 해상 기지였다.

표트르 대제 동상

도시를 건설한 후 표트르 대제는 1712년 수도를 모스크바에서 페테르부르크로 옮긴다. 이어 전방위적인 개혁개방 정책을 단행한다. 그는 제국을 발전시키는 일이라면 국적, 인종, 종교 등을 따지지 않고 인재를 발탁했다. 그는 마침내 강대국의 기반을 다지는 데 성공했다.

두 번째는 '바로크의 도시'다. 바로크는 17~18세기 서유럽을 풍미한 예술 양식이다. 표트르 대제 이후 권좌에 오른 차르들은 서유럽의 일류 건축가, 조각가 등을

영입해 도시 디자인을 맡겼다. 엘
리자베스 1세와 예카테리나 대제
는 도시에 웅장하고 화려한 귀족
의 옷을 입혔다. 엘리자베스 1세
(재위 1741~1762년)와 예카테리
나 대제(재위 1762~1796년) 시기
는 러시아 귀족의 황금시대로 불
린다.

프랑스 베르사유 궁전을 동경
했던 엘리자베스 1세는 베르사유
궁전을 능가하는 궁전을 짓고 싶
어 했다. 그 욕망이 네바 강변에
바로크 풍의 겨울궁전으로 구현
되었다. 당시 귀족들은 겨울궁전
에서 프랑스 어로 대화를 나누는
게 유행이었다. 겨울궁전, 예카테
리나 궁전 등을 설계한 이탈리아

레닌 동상

건축가 라스트렐리. 그는 페테르부르크에 바로크 스타일을 입힌 인물
이다. 라스트렐리 외에도 청동 기마상 조각가 팔코네(프랑스), 이삭 대
성당을 설계한 건축가 몽페랑(프랑스), 여름궁전을 디자인한 건축가
르 블롱(프랑스) 등이 도시에 기념비적 랜드마크를 남겼다.

도시는 200년 이상 정치의 중심지이면서 동시에 문화예술의 수도
로 군림하였다. 음악, 오페라, 발레, 미술 등에 재능을 타고난 이들은
성공을 꿈꾸며 모두 페테르부르크로 몰려들었다. 도시는 세계적인 작
가와 예술가들을 키워냈다. 도시는 이들에 대한 오마주로 지하철역과

거리에 천재들의 이름을 헌정했고 이들의 숨결이 머무른 곳에 동상을 세우고 플라크를 붙였다. 지하철 1호선 푸슈킨 역을 가보라. 박물관에 온 것처럼 화려하고 격조가 있다.

　세번째는 '운하의 도시'다. 그리보예도프, 크루코프, 윈터, 오보드니…… 운하는 어디서 출발하든 꼬불꼬불 도심을 돌고 돌아 네바 강을 유람한다. 도시를 씨줄과 날줄로 연결하는 운하는 물류(物流)의 실핏줄 역할을 하면서 사람들의 마음속에 서정을 불어넣었다. 특히 그리보예도프 운하는 도스토예프스키 문학의 젖줄과도 같다.

　마지막은 '혁명의 요람'이다. 페테르부르크는 20세기 세 번의 혁명을 거치며 이름이 세 번 바뀌는 시련을 겪었다. 첫 번째 혁명은 '피의 일요일'로 불리는 1905년 혁명이다. 도시는 1914년 1차 세계대전 발발과 함께 독일식 이름을 버리고 러시아 식인 페트로그라드가 되었다. 러시아 지명에 흔히 보이는 '그라드(град)'는 러시아 어로 마을이나 도

네바 강

시를 뜻한다. 1917년 2월 혁명이 일어나면서 로마노프 왕조가 막을 내린다. 이어 10월 혁명이 발생해 레닌이 이끄는 소비에트 정부가 들어선다. 마르크스는 자본주의 단계를 거쳐야만 프롤레타리아 혁명이 일어난다고 예언했지만 인류 최초의 공산 혁명은 봉건제에서 성공했다.

1차 세계대전 종전과 함께 소비에트 정부는 1918년 11월, 수도를 페트로그라드에서 모스크바로 옮긴다. 도시는 정치 권력을 모스크바에 넘겨주고 문화예술의 중심지로만 남게 되었다. 1924년 레닌이 죽자 소비에트 정부는 도시에 레닌의 이름을 붙여 레닌그라드가 된다. 레닌그라드는 2차

여름궁전의 대폭포

세계대전 당시 독일 히틀러의 공격 표적이 된다. 이는 지정학적인 중요성도 있었지만 이 도시에 소장된 문화 유적을 탈취하려는 목적도 있었다. 도시는 74년간 레닌그라드로 불리다가 1991년 소련이 붕괴한 이후 페테르부르크라는 이름을 되찾았다.

나는 이 책에서 푸슈킨, 도스토예프스키, 차이코프스키, 쇼스타코비치, 레핀 5인을 다뤘다. 푸슈킨과 도스토예프스키는 고민할 필요가 없었다. 고골과 톨스토이를 포함시킬 것인가를 놓고 여러 가지를 검토했다. 톨스토이는 이 도시에서 산 적이 없어 처음부터 제외시켰다. 고골은 도시에 여러 흔적을 남겼지만 국내 독자들에게 상대적으로 대

중성이 약해 제외시켰다.

음악가 중에서 누구를 택할 것인가. 차이코프스키는 영순위였다. 러시아 국내선 비행기 앞머리에는 '차이코프스키'라고 표기되어 있다. 왜일까? 러시아 인의 혈관에는 차이코프스키가 흐른다고 하지 않던가. 차이코프스키가 없었다면 우리는 자타가 공인하는 세계 최고의 러시아 발레를 감상할 수 없었을 것이다. 20세기 러시아 음악을 대표하는 인물은 쇼스타코비치와 스트라빈스키. 두 사람 모두 이 도시에 태(胎)를 묻었다. 쇼스타코비치와 페테르부르크는 서로 떼어놓을 수 없는 관계다. 쇼스타코비치를 선택하는 데 주저하지 않았다. 스트라빈스키는 도시에서 음악 공부를 시작했으나 작곡가로서의 전성기 대부분을 프랑스, 미국 등 외국에서 보냈다. 안타깝게도 도시에는 그를 회억(回憶)할 수 있는 공간이 거의 남아 있지 않았다.

겨울궁전

러시아 회화를 대표하는 인물은 누구인가. 열에 아홉은 일리야 레핀을 꼽는다. 1757년 국립 미술 아카데미가 도시에 문을 열었다. 미술 아카데미가 탄생시킨 화가 중 단연 황제 자리에 올라가는 사람은 레핀이다. 그의 이름은 몰라도 그의 작품은 대부분 본 적이 있다.

내가 마지막까지 고심했던 인물은 '러시아 발레'의 창립자이자 기획자

이며 평론가인 디아길레프였다. 디아길레프는 발레단 '러시아 발레'
를 만들어 서유럽에 러시아 발레의 진수를 전파한 인물이다. 특히 탁
월한 안목을 지닌 디아길레프는 작곡가 스트라빈스키와 발레리노 니
진스키를 발탁해 각각 세계적 스타로 키운 인물이다. 그러나 디아길
레프 역시 파리와 같은 외국에서 더 오래 살았다. 부득이 그를 제외하
지 않을 수 없었다.

　　페테르부르크는 "러시아의 수준 높은 정신문화 유산을 연대기적으
로 응축시켜 놓은 상징적인 공간"(러시아 문학자 이병훈)이라 할 수 있
다. 페테르부르크는 도시 자체가 거대한 박물관이다. 한국인 대부분
은 소련이 붕괴되던 1990년까지 러시아를 가볼 수 없었다. 그럼에도
일부 지식인들은 페테르부르크 시가지를 오랜 세월 머릿속에서 그리
고 있었다. 그것은 대부분 도스토에프스키 덕분이다. 특히《죄와 벌》
에 묘사된 페테르부르크로 인해 우리는 페테르부르크를 처음 접했다.
지금부터 다섯 명의 천재와 함께 페테르부르크 여행을 떠나본다.

2014년 2월
조성관

《페테르부르크가 사랑한 천재들》 현지 취재에는 김병호 전 서전농원 회장님과 차수
웅 전 우성해운 회장님의 아낌없는 격려와 성원이 큰 도움이 되었다. 두 분께 깊이 감
사드린다. 전《조선일보》모스크바 특파원 정병선님은 러시아 어 표기와 사실 관계
확인 등에 도움을 주었다. 러시아 건설·여행 전문가 강학서님은 현지 취재에 필요한
인문지리 안내부터 러시아 어로 된 자료의 우리말 번역에 도움을 주었다. 두 분께 고
마움을 표한다.

일러두기

* 인명과 지명 등은 국립국어원 외래어 표기 규정에 따랐다.
* 페테르부르크의 정식 명칭은 '상트 페테르부르크' 이지만 이 책에서는 '페테르부르크' 로 표기하였다.

푸슈킨,

러시아 문학의 태양

북한산 둘레길의 푸슈킨

세월이 흘러 2050년쯤 21세기 초반의 한국을 돌아본다고 하자. 2000년대 초반 한국 사회에 불어닥친 흐름 중 걷기 열풍이 반드시 언급되지 않을까? 걷기 열풍은 한국인의 여가 패턴 변화를 넘어서 라이프스타일 자체를 바꿔놓은 것으로 평가받게 될 것이다.

제주 올레길이 성공하자 지방 자치단체들은 저마다 지역의 산, 강, 들에 둘레길 코스를 개발하는 경쟁을 벌였다. 걷기가 최고의 자연 치유라는 인식이 퍼지면서 덩달아 아웃도어 업체들은 호황을 누렸다.

걷기는 인간을 인간이게 하는 가장 원초적인 행위다. 인간은 걸으면서 두 손의 자유를 얻었고, 자유로워진 손은 도구를 사용하게 되었고, 도구를 이용하면서 인간의 뇌는 점점 커졌다. 지구상의 모든 동물 중 목표 지점을 정해놓고 일정한 시간 동안 꾸준히 걸어 그곳에 도달하는 동물은 인간밖에 없다. 순간적인 달리기 속도가 인간보다 빠른 동물이 무수하게 많지만 꾸준한 걷기를 통한 이동은 오로지 인간만이 가능하다.

몇 해 전 여름, 지인과 북한산에 올랐다. 송추 쪽에서 진입해 북한산을 향해 걷고 있었다. 그런데 북한산 둘레길이 시작하는 지점에 설치된 입간판이 발길을 붙잡았다. '세계 각국의 시'였다. 그 첫 번째 시가 바로 알렉산드르 푸슈킨의 〈삶이 그대를 속일지라도〉였다.

삶이 그대를 속일지라도
슬퍼하거나 노하지 말라!
우울한 날들을 견디며 믿으라.
기쁨의 날이 오리니.

마음은 미래에 사는 것.
현재는 슬픈 것.
모든 것은 순간적인 것, 지나가는 것이니.
그리고 지나가는 것은 훗날 소중하게 되리니.

공원 측이 무슨 기준으로 세계 각국의 시를 선정했는지는 알 수 없다. 분명한 사실은 이 시가 우리나라에서 오랜 세월 남녀노소를 떠나 가장 애송되고 있는 시 중 하나라는 점이다. 시인의 이름을 기억하지 못하는 사람은 있을 수 있어도 시의 메시지는 누구에게나 시공을 초월해 공감을 불러일으킨다. 셰익스피어의 소네트나 바이런의 시를 들어보지 못한 사람은 있어도 '삶이 그대를 속일지라도'로 시작되는 푸슈킨의 시를 모르는 사람은 드물다.

북한산 둘레길의 푸슈킨 시

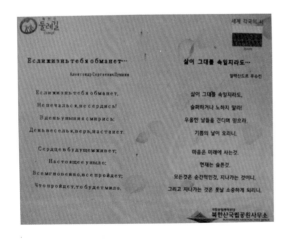

우리가 시를 읽는 이유 중 하나가 기나긴 삶의 여정에서 마음의 위로를 받기 위해서라면 불과 8연으로 된 이 시만큼 삶의 무게에 지친 어깨를 토닥여주는 것도 없으리라. 나는 북한산 둘레길에서 푸슈킨을 만나게 될 줄은 상상도 하지 못했다. 나는 그때 마침 푸슈킨에 대해 공부를 하고 있던 터라 감동의 여운이 오래 갔다. 북한산 둘레길과의 첫 만남에서 가장 먼저 푸슈킨이 들어왔고, 산행 내내 푸슈킨과 러시아가 머릿속에서 맴돌았다. 나는 둘레길에 명시(名詩)의 서정을 입히려 했던 공원 측의 의도에 충실하게 반응한 등산객이 되었다.

　　최근 우리는 푸틴 러시아 대통령으로 인해 푸슈킨을 만나게 되었다. 2013년 11월, 푸틴 대통령은 한국을 방문해 박근혜 대통령과 정상회담을 가졌다. 그런데 푸틴은 예정된 정상회담 시간에 지각해 많은 이야깃거리를 남겼다. 푸틴은 1박 2일 일정 중에 정상회담을 비롯해 여러 행사에 참석했는데, 그 중 하나가 푸슈킨 동상 제막식 참석이었다. 푸틴은 정상회담이 예정된 그 시각 서울 을지로 롯데호텔 앞에서 열린 제막식에 참석해 문화예술의 중요성을 역설했다. 푸슈킨 동상이 한국에 세워진 것은 이번이 처음. 푸슈킨 동상은 러시아 작가동맹으로부터 기증받은 것이었다.

롯데호텔 앞의 푸슈킨 동상

　　푸틴이 푸슈킨 동상 앞에 붉은 장미를 바치는 모습! 비록 그 시간은 짧았지만 러시아가 문화예술 강국임을 보여주기에는 충분했다. 푸틴이 1박 2일 일정에서 한국인을 감동시킨 것은 바로 푸슈킨 동상 제막식에서 행한 짤막한 연설이었다.

내 인생에서 푸슈킨을 최초로 접한 것은 중학생 시절 읽은 《대위의 딸》이었다. 돌이켜 생각하면, 내가 그때 왜 그 작품을 골랐는지 모르겠다. 《대위의 딸》을 세계문학전집에서 고른 것은 '딸'에 끌렸기 때문이 아니었을까. 그때 한창 《여자의 일생》, 《보부아르 부인》, 《테스》 등과 같은 고전을 섭렵하고 있을 때여서 나는 《대위의 딸》을 연애소설 계열로 생각했던 것 같다. 그런데 이상하게도 《대위의 딸》은 읽고 난 후 기억에 남는 게 없었다. 어떤 의무감으로 읽긴 읽었지만 말이다. 성인이 되고 나서 보니 그것은 어린 내가 《대위의 딸》의 배경이 되는 러시아 역사를 이해하지 못했기 때문이었다.

푸슈킨은 한국인에게 〈삶이 그대를 속일지라도〉라는 애송시를 쓴 시인으로 각인되어 있지만 그는 또한 소설가, 극작가, 평론가, 에세이스트, 역사소설가였다. 1974년 모스크바에서 발간된 문학선집은 총 10권으로 되어 있는데, 한 권당 700쪽이 넘는다. 푸슈킨을 빼놓고는 러시아 문학을 말할 수 없다. 러시아의 대문호인 도스토에프스키와 톨스토이를 만나려면 먼저 푸슈킨이라는 준령(峻嶺)을 넘어야만 한다. 또한 푸슈킨을 건너뛰고서는 러시아 음악의 광대한 파노라마에 이를 수가 없다. 차이코프스키의 오페라 〈예프게니 오네긴〉, 미하일 글린카의 오페라 〈루슬란과 류드밀라〉 등이 모두 푸슈킨의 작품을 토대로 작곡한 것들이다.

러시아 인을 러시아 사람이게 하는,

푸슈킨 탄생 200주년을 기념해 1999년 발행된 기념 우표

슬라브 인의 정신세계의 중심에 바로 푸슈킨이 자리한다. 러시아 문학의 태양으로 불리는 이가 푸슈킨이다. 러시아의 괴테이며 러시아의 호머인 푸슈킨. 그는 과연 어떻게 살았고 어떤 사람이었을까?

흑인 출신의 가계

알렉산드르 세르게비치 푸슈킨은 1799년 5월 26일 모스크바에서 태어났다. 푸슈킨의 친가는 13세기 이래로 러시아 왕실에서 고위직을 지냈다. 이로 인해 푸슈킨은 자신의 가문을 평생의 자부심으로 여겼는데, 이것은 명예에 대해 과민한 반응을 보이는 성격을 형성했다.

푸슈킨의 초상화를 본 사람이라면 한번쯤 고개를 갸우뚱한 적이 있을 것이다. 곱슬머리, 가무잡잡한 피부, 두툼한 입술……. 슬라브 인의 전형적인 모습과는 거리가 있다. 이제 그 궁금증에 접근해 보자. 푸슈킨의 혈통에서 특별히 주목할 대목은 외가 쪽이다. 그의 외증조부, 즉 푸슈킨의 어머니 나제주다 오시포브나의 조부는 아프리카 에티오피아 출신의 흑인이었다. 어떻게 에티오피아 흑인이 러시아에 오게 되었을까?

사연은 이랬다. 외증조부는 원래 에티오피아 왕족이었다. 그런데 전쟁에서 패배해 포로가 되었고, 곧이어 노예로 전락했다. 그는 노예로 이리저리 팔리다 콘스탄티노플(현재의 이스탄불)로 흘러들어 왔다. 당시 콘스탄티노플은 오스만투르크 제국의 수도로 세계 문물의 집결지였다. 콘스탄티노플 주재 러시아 대사에게 에티오피아 노예가 눈에 띄었다. 이후 러시아 대사는 본국으로 돌아가면서 에티오피아 노예와 함께 흑인 소년 두 명을 데리고 가 표트르 대제에게 상납했다.

노예 제도가 있던 시절이니 여기까지는 대수로운 일이 아니다. 문제는 그 이후였다. 표트르 대제는 에티오피아 흑인 시동을 특별히 총애했다. 그래서 표트르 대제는 시동에게 아브람 한니발이라는 이름을 하사했을 뿐만 아니라 귀족으로 신분을 상승시켜 주었다. 한니발은 러시아 여인과 결혼해 가정을 꾸렸고 여러 명의 자식을 두었다. 한니발의 아들 중 한 명이 낳은 딸이 바로 푸슈킨의 어머니인 나제주다 오시포브나였다.

한니발은 프랑스에서 공병 교육을 받았고 러시아로 돌아와 공병부대의 고위직에까지 올랐다. 그는 러시아의 항구와 운하를 건설하는 일을 주로 맡았는데, 이 사실을 통해 노예로 팔린 에티오피아 흑인이 얼마나 총명했었는지를 짐작할 수 있다. 동시에 표트르 대제가 얼마나 개방적이고 유연한 사고방식의 소유자였는지도 드러난다.

푸슈킨의 사진은 남아 있지 않다. 그가 사망한 뒤에 사진기가 발명되었던 까닭에 우리는 푸슈킨을 초상화로만 볼 수 있다. 오레스트 키프렌스키가 그린 초상화를 보면 푸슈킨은 한눈에 봐도 슬라브 인과 다른 얼굴이다. 체구는 크지 않았지만 슬라브 인과 흑인의 피가 섞인 가무잡잡한 피부, 곱슬머리 등의 외모로 눈에 띄었다.

푸슈킨의 아버지 세르게이는 고위 무관으로 나폴레옹 전쟁에서 프랑스 군대를 물리치는 데 공을 세웠다. 친가 쪽에서 눈여겨봐야 할 부분은 아버지 가계에 문재(文才)를 타고난 사람이 많았다는 점이다. 아버지, 숙부, 그리고 또 다른 친척이 시인으로 활동했다. 무관이면서도 감성이 풍부한 아버지는 집에서 키우는 반려견이 죽자 애견을 애도하는 시를 쓰기도 했다. 아버지는 어린 푸슈킨에게 프랑스 극작가인 몰리에르의 작품들을 읽어주곤 했다.

푸슈킨은 이렇게 지적 분위기가 충만한 가정환경에서 어린 시절을 보냈다. 권력층인 아버지가 문학적 소양을 겸비하다 보니 푸슈킨의 집에는 당대의 예술가, 학자 등 명사들의 출입이 잦았다. 이들 중에는 역사가 카람진, 모스크바 대학 학장인 주코프스키 등이 있었다.

당시 러시아 상류층에서는 자녀 교육을 가정교사에게 맡기는 게 일반적이었다. 푸슈킨의 가정교사는 음악, 그림, 시 등에 재능 있는 인물로 선발되었을 뿐만 아니라 유모는 동화 구연가였고, 하인 니키타 코즐로프는 고대 영웅 서사시를 줄줄 외는 사람이었다. 푸슈킨은 하인 코즐로프를 무척 좋아했고, 이런 관계는 그가 성인이 되어서까지 지속되었다. 푸슈킨이, 코즐로프를 모욕한 다른 귀족에게 결투를 신청했다는 일화가 있을 정도이니 두 사람의 관계가 얼마나 친밀했는지를 짐작할 수 있다.

〈푸슈킨 초상〉,
오레스트 키프렌스키

푸슈킨의 어린 시절과 관련해 더 언급되는 사람이 외할머니다. 그는 외할머니에게서 처음으로 러시아 어 읽기와 쓰기를 배웠다. 그는 귀족기숙학교에 입학하기 전까지 여름방학 때마다 외할머니의 영지인 자하로프 마을에서 보내곤 했다. 자하로프 마을은 러시아 민속춤과 민속음악으로 유명한 곳. 푸슈킨은 이곳에서의 추억을 평생 동안 간직했으며 작품에 종종 등장시켰다. 외할머니는 귀족기숙학교 시절의 외손자에게 편지를 쓰곤 했는데, 편지의 문체가 푸슈킨의 친구들을 감동시켰다.

어릴 적 푸슈킨은 부모를 흡족하게 하지 못했다. 무엇보다 공부를 썩 잘하는 편이 아닌데다 내성적이고 집에만 있기를 좋아했다. 한 가지 특기할 것은 푸슈킨이 프랑스 문학에 재능을 보여 아홉 살에 불어로 시를 쓰기 시작했고 《플루타르크 영웅전》, 《일리아드》, 《오디세이》 등을 읽었다는 점이다.

예카테리나 궁전의 귀족기숙학교

1811년이 시작되었다. 이 해는 푸슈킨의 인생에서 중대한 전환점이 되는 시점이다. 마침 '차르스코예 셀로'에 엘리트 관료 양성을 위한 특수학교가 개교했다. 이 학교는 열 살에서 열네 살 사이의 귀족 자제에게만 입학을 허용했다. 푸슈킨은 1회 입학생이 된다. 리체이에 입학하기 위해 푸슈킨은 고향을 떠나 러시아의 수도 페테르부르크로 간다.

리체이는 커리큘럼 면에서 서유럽의 명문학교와 다를 바가 없었다. 이것은 19세기 초반 페테르부르크가 여전히 개방적이었다는 사실을 보여준다. 푸슈킨이 졸업 직전인 1816년에 쓴 시는 그의 인생관과 세계관의 일단을 엿보게 한다.

"서기가 되거나 경기병이 되거나 / 법에 종사하거나 군모를 쓰거나 매한가지 / 진정으로 소위가 되고 싶은 마음도 없지만 / 법관이 된들 무슨 소용 있으리."

천재 문학소년 푸슈킨을 만나러 '차르스코예 셀로'로 가보자. 도시에서 남쪽으로 25킬로미터 떨어져 있는 이곳을 대중교통으로 가는 길은 두세 가지가 있다. 비체프스키 역에서 기차를 타고 가는 방법도 있는데, 기차 시간을 맞춰야 하는 불편함이 있다. 나는 버스를 이용하기로 했다. 모스크바 대로에 있는 지하철 2호선 모스코프스카야 역에서 버스를 탄다. 거대한 레닌 동상이 서 있는 광장 안쪽, 구청 건물 앞길에 버스들이 줄지어 서 있다. 소련 시절 지어진 구청 건물 꼭대기층 벽면에는 10월 혁명을 형상화한 부조가 있는데 낫과 망치가 눈에 띄었다. 차르스코예 셀로로 가는 K-347 버스에 오른다.

내게 '차르스코예 셀로'라는 낯선 지명이 처음 입력된 것은 20대 초반이었다. 1917년 2월 혁명 직후 로마노프 왕조가 막을 내렸다. 연금된 로마노프 왕조의 마지막 황제 니콜라이 2세가 눈을 치우고 있는 사진! 몰락한 황제의 초라한 모습은 그 자체로 충격이었다. 그런 황제를 뒤에서 지켜보며 웃는 병사들. 그곳이 바로 차르스코예 셀로였다.

버스는 모스크바 대로를 달렸다. 모스크바로 가는 M10 도로다. 모스크바 대로에는 '승리의 탑'을 비롯해 2차 세계대전과 관련된 조형물이 여러 개 보였다. 모스크바 대로를 벗어나 주택가로 들어선 버스는 정류장에 수차례 손님을 싣고 부렸다. 40여 분 만에 차르스코예 셀로에 도착했다.

차르스코예 셀로의 예카테리나 궁전

그 동안 사진으로 수없이 보아온 예카테리나 궁전! 황금빛 쿠폴(돔)과 옥빛이 조화를 이루는 찬란한 장관! 예카테리나 궁전이 준공된 후 '황제의 마을'이라는 뜻의 차르스코예 셀로라는 지명이 붙었다. 하지만 1917년 10월 혁명 후 소비에트 정부는 제정 러시아의 냄새가 나는 이름을 폐기하고 푸슈킨 시로 바꾸었다. 펜은 칼보다 강하다는 격언을 떠올리게 한다. 차르스코에 셀로는 러시아 예술가들이 300년 이상 찬미한 곳이다. 그들은 이곳을 뮤즈의 도시로 불렀고, 실제로 수많은 영감을 얻었다.

에카테리나 궁전은 러시아 바로크 건축 양식의 결정판이다. 이 궁전에서 가장 유명한 곳은 '호박 방'으로 불리는 홀이다. 페테르부르크 주변은 러시아의 대표적인 호박(琥珀) 주산지. 4면이 호박으로 장식된 이 방을 보러 세계의 관광객들이 몰려온다.

봄·여름 궁전 입구에 가면 입장 순서를 기다리는 한 무리의 관광객들을 볼 수 있다. 사람들 뒤쪽으로 어떤 인물의 좌상(坐像)이 보인다. 에카테리나 궁전을 설계한 이탈리아 건축가 라스트렐리. 관광객들 사이에서 갖가지 언어가 뒤엉켜 쏟아져 나왔다. 제복을 입은 브라질 수병들도 보였다. 그런데 어디서 본 듯한 한 사람이 돌아다니며 기념사진을 찍어주고 돈을 받고 있었다. 누구더라? 특유의 구레나룻을 보고 그제야 알았다. 푸슈킨 분장을 한 사람이었다. 푸슈킨 분장을 한 남자의 행동을 흥미롭게 지켜보다가 궁전 교회와 연결된 건물 외벽에 어떤 플라크가 붙어 있는 게 보였다. 푸슈킨의 이름이 눈에 들어왔다. 푸슈킨이 이 리체이에서 1811년부터 1817년까지 공부했다는 내용이었다.

위쪽 푸슈킨이 다닌 리체이 학교
아래쪽 리체이 학교의 푸슈킨 플라크

플라크는 내가 이곳에 온 목적을 상기시켰다. 옛 귀족기숙학교는 현재 박물관으로 바뀌었다. 입장권과 사진 촬영권을 산 뒤 안으로 들어갔다. 2층으로 올라가려는데 한 여성이 비닐 덧신을 신으란다. 2층 박물관에는 리체이 학교와 관련된 여러 가지 물품이 전시되어 있었는데, 방마다 여직원이 한 명씩 보였다.

3층에는 홀과 강의실이 있다. 19세기 초반 제정 러시아 귀족학교의 강의실은 어떤 모습일까? 귀족기숙학교가 문을 연 것은 1811년. 푸슈킨의 입학 동기는 모두 14명이었다. 책상 20여 개가 교단을 향해 반원형으로 배치되어 있다. 책상 위에는 낯선 물건이 하나씩 놓여 있었다. 잉크병이었다. 푸슈킨이 앉던 자리는 어디였을까? 나는 여직원의 눈길을 피해 책상 위를 손바닥으로 쓰다듬었다. 푸슈킨의 손길이 스쳤을 책상!

강의실 옆방은 실험실. 1810년대의 실험도구와 과학기기가 진열되

리체이 학교의 강의실

푸슈킨의 성적표

어 있다. 진열품 중 단연 눈에 띄는 것은 성적표. 26번에 푸슈킨이라는 이름이 보였다. 학과 성적은 보통이었다.

리체이에는 당대 최고의 교사들이 있었다. 학교 설립 취지에 부합하는 보수적인 교사도 있었지만 자유로운 사상을 지닌 교사도 있었다. 훗날 페테르부르크 대학에서 강의를 한 쿠니친 같은 이가 대표적이다. 쿠니친은, 인간은 이성적이고 자유롭게 살기 위해 태어났다는 사상을 가르치며 농노제를 비판했다. 푸슈킨은 쿠니친을 통해 몽테스키외, 칸트, 아담 스미스 등을 접하게 된다. 푸슈킨은 점차 사회 개혁의 필요성에 눈을 뜨고 진보적인 생각을 갖기 시작했다.

4층은 꼭대기층이면서 기숙사. 강의실과 기숙사가 불과 한 층을 사이에 두고 있는 게 무척 낯설다. 기숙사에 들어섰다. 여름 햇살이 부드러운 실루엣으로 복도를 어루만지고 있었다. 마치 1810년대의 어느 날로 시간여행을 와 있는 것 같은 느낌이 들었다. 복도 양옆으로 방이 줄지어 있다. 방 앞에는 숫자와 함께 이 방을 사용한 대표적인 사람의 이름이 적혀 있다.

우리의 푸슈킨이 썼던 방은 14호실. 푸슈킨의 방은 다른 방보다 조금 작아 보였다. 작은 침대, 책상과 의자, 세면대, 물항아리, 서랍장이 전부였다. 열한 살 소년이 사용하던 방! 다시 보니 방이 그렇게 작은 것만도 아니었다. 창문으로 에카테리나 궁전의 휘황한 광휘가 들어왔다.

복도 끝에는 제법 넓은 공간이 있었고, 그곳에도 창문이 나 있었다. 창문으로 황금빛과 옥빛이 폭포수처럼 쏟아졌다. 그제야 나는 무릎을

쳤다. 푸슈킨이 왜 푸슈킨이었는지를. 그리고 푸슈킨이 왜 도스토예프스키와 다를 수밖에 없었는지를 깨달았다.

어린 푸슈킨에게 주어진 환경은 아름다운 궁전과 자연이었다. 강의실에서는 인간의 자유에 대해 공부했다. 학교에서 나와 몇 걸음만 옮기면 지상에서 가장 아름다운 정원과 호수와 분수가 꿈결처럼 펼쳐졌다. 이런 놀라운 광경이 7년이라는 세월 동안 푸슈킨의 순백색 도화지에 각인되었다.

푸슈킨은 리체이 시절 〈차르스코예 셀로의 회상〉이라는 시를 썼다. 그 중 일부를 소개해 본다.

"폭포수가 돌 언덕에서 / 유리구슬처럼 떨어지고 / 고요한 호수에는 요정들이 / 잔잔한 물결을 일으키며 물장구를 치네 / 저기 거대한 궁전들 말없이 / 창공을 떠받친 채 구름을 향해 치솟아 있네 / 지상의 신들이 화평한 세월 보낸 곳 여기가 아니던가 / 러시아의 미네르바 신전 여기가 아니던가."

푸슈킨이 묵었던 기숙사
14호실

어린 푸슈킨이 이곳을 "미네르바 신전"이라고 표현한 대목을 눈여겨봐야 한다. 유년기 푸슈킨에게 주어진 환경은 이토록 아름다운 풍경이었다. 이것은 도스토예프스키에게 주어진 환경과는 정반대였다.

열여섯 살 소년은 친구의 여동생에게 첫사랑을 느꼈다. 소년은 사랑의 떨리는 감정을 시로 옮겼다. 〈화가에게〉라는 시였다. 푸슈킨은 리체이 시절 모두 132편의 시를 남겼다. 푸슈킨의 비범함은 이때 이미 드러나기 시작했다. 이 시절에 멀어져 가는 청춘에 대한 애틋함을 시로 썼다는 점이 놀라울 뿐이다.

어린 시절 각인된 아름다운 장면과 순간들은 평생을 두고 전의식(前意識)으로 남아 영향을 미친다. 이것은 작가와 예술가에게 마르지 않는 영감의 샘물이 된다. 만년에 쓴 걸작 운문 소설《예프게니 오네긴(Evgenii Onegin)》에도 이때의 기억이 변주된다.

"내가 리체이의 정원에서 / 평화로이 꽃피던 시절 / 아풀레이우스를 즐겨 읽었지만 / 키케로는 읽지 않았다 / 봄날의 신비로운 골짜기 / 조용히 반짝이는 물가에서 / 백조의 울음소리가 들려올 때 / 뮤즈가 내게 나타나곤 했다 / 기숙사의 내 방은 / 갑자기 환해지고 거기서 뮤즈는 / 장난스런 젊음의 향연을 벌이며 / 천진난만한 즐거움과 / 조국의 옛 영광과 / 전율하는 마음의 꿈을 노래했다."

리체이 학교는 1843년까지 이곳에 있다가 페테르부르크 시내로 옮겨갔다. 당연한 이야기지만 푸슈킨은 리체이 출신들과 평생을 두고 교유한다.

시와 유배 생활

귀족기숙학교를 졸업하자마자 푸슈킨은 예정대로 외무성의 하급 공무원이 된다. 1817년부터 1820년까지 외무성 관리로 살면서도 그의 가슴 속은 문학을 향한 열정으로 가득했다.

시대 상황은 사람의 일상에 침윤한다. 나무의 나이테가 기후 변화와 강수량에 따라 달라지는 것처럼 시대와 역사는 보이지 않게 인생의 테두리를 규정하며 영향을 준다. 푸슈킨이 사랑과 자유라는 불멸의 주제에 대해 천착하고 있을 즈음 러시아의 정치 상황은 매우 불안하게 전개되고 있었다. 러시아가 나폴레옹 전쟁(1812~1815년)에서 승리한 직후라 거리에는 군인들로 넘쳐났다. 알려진 것처럼, 나폴레옹 전쟁은 유럽 전역에 민족주의운동을 촉발시켰다. 서유럽에서 일어나는 민족주의운동이 속속 페테르부르크에 바람을 타고 선해졌다. 일부 장교와 지식인들은 모이기만 하면 혁명과 정치에 대한 토론을 벌였다. 푸슈킨은 저녁마다 갖가지 모임에 참석했다. 이때 혁명적 사상가 차다예프를 알게 된다. 자연스럽게 전제정치 타도를 꿈꾸는 혁명조직 데카브리스트(12월당) 핵심 멤버들과 교유하게 된다.

푸슈킨의 데뷔작은 시인인 주코프스키의 인기 발라드 〈12명의 잠자는 아가씨들〉을 희화화한 시였다. 애송이가 감히 러시아 낭만주의 거장의 작품을 희화화했다! 당시로서는 상상할 수 없는 대담한 도전이었다. 주코프스키는 진정한 거장이었다. 그는 푸슈킨의 시를 읽고는 감동한 나머지 "선생보다 나은 학생에게 못난 선생이 드림"이라고 서명한 자신의 초상화를 선물했다. 이후 주코프스키는 평생 동안 푸슈킨의 후견자를 자처했고, 항상 푸슈킨 편에서 응원했다. 이런 관계는 푸슈킨의 사후까지 이어져 주코프스키는 푸슈킨의 유가족까지 보살폈다.

푸슈킨은 이 시기에 〈자유〉라는 제목의 시를 쓴다. 데카브리스트 회원들은 〈자유〉에 열광했고, 얼마 지나지 않아 이 시는 혁명을 꿈꾸는

푸슈킨의 스케치

젊은층의 정신적 상징으로 자리잡는다. 〈자유〉가 젊은층에 애송된 것은 그만큼 러시아 사회에 변화에 대한 열망이 꿈틀거리고 있다는 뜻이었다. 하지만 차르는 시대의 흐름을 읽지 못한 채 수구반동적 행태를 보였다. 차르는 〈자유〉를 불온한 시로 규정했다. 그런데 이 시의 원작자가 귀족학교 출신의 외무성 관리 푸슈킨이라는 사실이 밝혀지자 차르는 분노했고 푸슈킨은 반역혐의로 체포되었다.

차르는 푸슈킨의 유배지를 놓고 다른 정치범들처럼 시베리아 유형에 처할 것인가 말 것인가로 망설였다. 바로 이때 푸슈킨의 아버지가 차르의 신임을 받는 친구 카람진을 통해 아들에 대한 선처를 호소했다. 카람진의 진언을 들은 차르는 시베리아가 아닌 크림 반도를 푸슈킨의 유배지로 선택했다.

유배지인 키예프에 도착한 푸슈킨. 키예프는 현재 우크라이나의 수도이다. 유배 생활 첫해인 1820년, 그는 키예프를 벗어나 러시아 남쪽 지방을 여행하는 기회를 얻을 수 있었다. 지역 사령관이 시인을 특별대우한 결과였다. 지역 사령관은 자신의 가족과 함께 카프카스, 크림 반도 등을 여행할 때 푸슈킨도 함께 할 수 있도록 배려해 주었다.

'유배'는 푸슈킨 입장에서 보면 분통이 터지는 일이었다. 제국의 수도 페테르부르크에서 강제로 쫓겨났으니 말이다. 그러나 세상의 모든 일에는 반드시 나쁜 면만 있는 게 아니라는 진리를 우리는 푸슈킨의 유배에서 다시 확인하게 된다. 푸슈킨은 페테르부르크에 있었으면 도저히 경험할 수 없는 것들을 유배지에서 보고 느끼게 되었다.

푸슈킨은 1821년부터 2년여 간 현재 몰다비아의 수도인 키슈노프에서 지냈다. 그는 키슈노프가 마음에 들었다. 키슈노프가 반(反)투르크 그리스 독립투쟁의 중심지였다는 사실이 특히 푸슈킨을 매혹시켰다. '입실란티'라는 그리스 인이 반투르크 무장독립군을 조직한 곳이 키슈노프였다. 푸슈킨은 무엇보다 입실란티라는 인물에게 매료되었다. 키슈노프에는 정치적인 이유로 망명한 이들이 많았는데, 푸슈킨은 이들과 교유하면서 시민의식에 대해 눈뜨게 된다.

푸슈킨은 유배 생활을 즐겼다. 적어도 1823년 보론초프 백작이 지역 사령관으로 오기 전까지는 말이다. 백작은 푸슈킨에게 자신의 근무지인 흑해의 항구도시 오데사로 오라고 명령했다. 푸슈킨은 백작과 여러 면에서 맞지 않았다. 백작은 시인을 무시하며 무례한 행동을 서슴지 않았다. 참고만 있을 푸슈킨이 아니었다. 시인은 이런 백작에 대해 풍자시로 맞섰다. 두 사람의 갈등에 결정적으로 기름을 부은 것은 백작의 부인이었다. 푸슈킨이 아름답고 지적인 백작 부인에게 연모의 정을 품은 것이다.

푸슈킨 연구가들은 푸슈킨과 백작 부인의 관계에 주목해 왔다. 백작 부인은 푸슈킨에게 홍옥 반지를 선물했는데, 푸슈킨은 이 반지를 죽을 때까지 끼고 다녔다. 백작은 자신의 아내와 푸슈킨 사이에 이상한 소문이 도는 것을 참을 수가 없었고, 급기야 푸슈킨에게 오데사를 떠나라고 명령했다. 푸슈킨은 홍옥 반지를 모티브로 〈부적〉이라는 시를 썼다.

"나의 부적이여, 나를 지켜다오 / 박해의 날에 참회의 날에 / 불안의 날에 나를 지켜다오 / 너는 슬픔의 날에 내게 주어졌으나. // 바다가 내 주위를 으르렁거리며 / 파도를 들어올릴 때 / 먹구름이 소리 내며 위협할 때 / 나를 지켜다오, 나의 부적이여……."

푸슈킨이 끼고 다닌
홍옥 반지

푸슈킨이 오데사를 떠나 새로 정착한 곳은 아버지의 영지(領地)인 미하일로프스키 마을이었다. 푸슈킨은 모스크바와 가까운 이곳이 무척 마음에 들었다. 1824년부터 2년 이상 살면서 무려 90여 편의 시를 썼다. 미하일로프스키에는 1900년대 초반에 푸슈킨 기념관이 들어섰다. 이후 푸슈킨 순례자들이 즐겨 찾는 명소가 되었다. 이곳 스뱌트야 언덕의 수도원에 푸슈킨의 가족묘가 있다. 매년 시인의 생일에는 세계 여러 나라의 언어로 그의 시가 낭송된다.

미하일로프스키에서 지내는 동안 푸슈킨은 민족과 역사를 주제로 한 작품에 몰두했다. 특히 스텐카 라진 반란과 푸가초프 반란에 깊은 관심을 보였다. 푸가초프 봉기는 1773년 예카테리나 2세 치하의 러시아에서 농노 해방과 인두세 폐지를 주장하며 일어난 농민 반란. 볼가 지방과 우랄 지역으로까지 확대된 농민 반란은 1775년 푸가초프가 정부군에 체포되어 사형에 처해짐으로써 막을 내렸다. 《대위의 딸》은 바로 푸가초프 봉기를 배경으로 탄생한 소설이었다. 내가 중학생 시절 《대위의 딸》을 읽고도 이해하지 못한 것은 바로 18세기 제정 러시아와 푸가초프 봉기에 대한 기본 지식이 전무했기 때문이리라.

1825년 여름, 푸슈킨은 미하일로프스키 영지에서 한 처녀를 만난다. 안나 페트로브나 케른. 그녀는 미하일로프스키와 이웃한 어머니의 영지에서 여름을 보내고 있었다. 푸슈킨은 케른을 페테르부르크의 친구 집에서 만난 적이 있었다. 푸슈킨은 우연히 재회한 안나에게 사랑을 느꼈고, 시적 영감을 받았다. 안나는 푸슈킨의 뮤즈였다. 스물여섯 살의 푸슈킨은 안나에게 시를 선물한다.

"나는 경이의 순간을 기억하오 / 내 앞에 당신이 나타났었소 / 스쳐

가는 환영처럼 / 순수한 미의 영처럼. // 희망 없는 슬픔의 괴로움 속에서도 / 소란한 세상의 불안 속에서도 / 오랫동안 당신의 부드러운 목소리가 내게 울렸고 / 사랑스러운 모습이 꿈 속에 보였소. // 세월이 흘렀지요. 폭풍 같은 반란의 열정이 / 예전의 꿈들을 흩어놓았고 / 난 당신의 부드러운 목소리 / 당신의 천사 같은 모습마저 잊었었소. // 벽지에서 유배의 암흑 속에서 / 내 나날들은 막막하고 지루하게 흘러갔소. / 신성도, 영감도 / 눈물도, 삶도, 사랑도 없이. // 이제 영혼이 일깨워지고 / 바로 당신이 다시 나타났소. / 스쳐가는 환영처럼 / 순수한 미의 영처럼. // 가슴은 환희로 고동치고 / 그 속에 다시 모든 것들이 살아났소. / 신성이, 영감이 / 삶이, 눈물이, 사랑이."

이 시는 러시아 교과서에 실려 지금도 러시아 청소년들이 암송한다.

데카브리스트 반란

1825년 12월 14일 페테르부르크 원로원 광장에서 데카브리스트 반란이 일어났다. 그 시각 푸슈킨은 미하일로프스키 마을에 있었다. 완벽한 알리바이였다. 반란은 푸슈킨의 운명을 바꿔놓았다. 데카브리스트는 12월을 뜻하는 데카브르(Decabr)와 사람들(ist)이 합쳐진 말. 후사가 없던 알렉산드르 1세의 죽음 이후의 혼란을 틈타 데카브리스트 당원과 일부 청년 장교들이 니콜라이 1세 황제 취임식 날 일으킨 반란이었다.

차르의 총애를 받던 청년 장교들은 왜 차르에 반기를 들었을까? 청년 장교들은, 나폴레옹 전쟁 당시 모스크바에 들어왔다가 패주하는 나폴레옹 군을 쫓아 파리까지 진격했다. 이때 장교들은 서유럽에서 뜻밖에 자유의 공기를 흠뻑 마시게 된다. 자유로운 서유럽에서 조국의 현실, 즉 전제정치의 폐해를 절감했던 것이다. 페테르부르크로 돌아온 장교들은 러시아가 이대로 가서는 희망이 없다고 생각했다. 고민 끝에 차르에게 직접 개혁을 요구하자고 뜻을 모았고 원로원 광장에 모였다. 혁명 성공에 필요한 현실적 조건 따위는 고려하지 않은 순수한 애국심의 발로였다. 비록 계란으로 바위치기로 끝났지만 데카브리스트 봉기는 제정 러시아 역사상 가장 비극적이며 영광스런 사건으로 평가된다.

푸슈킨은 데카브리스트 당의 핵심 멤버 5인과 긴밀한 관계에 있었다. 그는 12월당에 가입하려 했으나 결과적으로 참여하지 못했다. 그 이유에 대해서는 여러 가지 분석이 있다. 가장 설득력 있는 것은 푸슈킨이 12월당에 가입할 경우 자칫 위대한 시인의 목숨도 보장할 수 없다는 친구들의 배려가 작용했다는 것이다.

니콜라이 1세는 푸슈킨을 좋아했다. 수사 결과 12월당 핵심 멤버들이 푸슈킨의 시에 영향을 받아 비밀결사를 만들었고, 서유럽에 다녀온 뒤 거사를 모의한 것으로 확인되었다. 1826년 9월 니콜라이 1세가 푸슈킨을 만나 이렇게 물었다. "그때 페테르부르크에 있었다면 어떻게 했겠느냐?" 푸슈킨이 대답했다. "아마도 반란의 중심에 섰을 것입니다. 왜냐하면 내 친한 친구들이 모두 거기에 있었기 때문입니다."

황제는 푸슈킨에게 많은 것을 약속했다. 가담자들을 선처할 것과 봉기의 정신을 점차적으로 국정에 반영하겠다는 약속이었다. 푸슈킨은 그 말을 철석같이 믿었다. 그리고 앞으로 출판하는 모든 작품을 황제에게 검열받겠다는 '터무니없는 제안'을 수락하고 말았다. 정치와 권력의 본질을 꿰뚫어보는 눈이 시인에게는 부족했던 것이다.

데카브리스트 반란 현장은 지금 어떤 모습일까. 그곳에 가려면 지하철 3호선 어드미랄티 역에서 내려야 한다. 일단 역사만 나오면 그 다음부터는 지도가 없어도 찾아갈 수 있다. 우선 황금빛 양파지붕을 찾는다. 이삭 대성당의 쿠폴이다. 역사의 현장은 이삭 대성당 뒤편, 네바 강변 옆 광장에 있다. 성당 뒤편의 정원에서는 여름철이면 웨딩 촬영을 하는 신랑신부 몇 쌍을 만날 수 있다. 저 유명한 표트르 대제의 기마상이 있고, 기마상 뒤편으로 네바 강이 흐른다. 아치형 문이 달린 건물이 옛 원로원 건물인데, 이 건물 앞과 표트르 대제의 기마상 사이의 광장이 바로 1825년 12월 14일 청년 장교들이 반란을 일으켰던 곳이다.

그날은 니콜라이 1세가 취임하는 날이었다. 청년 장교들은 병사 3,000여 명을 이끌고 원로원 광장에 모였다. 그러나 리더가 현장에 나타나지 않으면서 반란군은 아무런 행동도 취하지 못한 채 우왕좌왕했다. 그 사이 황제의 친위부대가 이들을 포위했다. 차르는 취임식 날 피를 흘리고 싶지 않아 발포 명령을 내리지 않았다. 혼란스럽고 당황한 상태의 대치는 몇 시간 동안 지속되었다. 반란군은 조국애와 정의감에 대한 순수한 열정 외에는 아무 것도 없었다. 자신들의 뜻이 옳고 홀 표트르 대제 기마상

륭하니 그것을 요구하면 받아들여질 것이라고 생각했을 만큼 순수했다. 말 그대로 '순수한 젊은이들의 낭만적인 항의'였다. 그러나 몇 시간 뒤 반란군은 황제의 군대가 쏜 포도탄 몇 발에 우왕좌왕하다 모두 체포되고 만다.

광장에 표트르 대제의 기마상이 서 있다. 그날을 증언해 줄 수 있는 유일한 목격자. 표트르 대제는 말 위에서 숨을 죽이며 청년 장교들을 지켜보았다. 가슴에 품었던 순수한 열정, 눈빛 가득했던 불안, 거친 호흡, 그리고 원로원 광장을 휘돌던 바람까지도.

반란을 주도한 다섯 명이 사형에 처해졌고, 121명은 시베리아 유형에 처해졌다. 사형은 교수형이 아니라 네 마리의 말이 사지(四肢)를 찢는 능지처참이었다. 사형의 방식을 보면 황제의 분노가 어느 정도였는지를 짐작하고도 남는다. 데카브리스트 반란 이후 비밀경찰이 창설되었고 차르의 탄압은 더욱 강화되었다.

데카브리스트 반란은 찻잔 속의 태풍으로 끝났고 관련자들은 무서운 대가를 치러야 했다. 하지만 그 정신만큼은 전제정치의 폭압이 가중될수록 빛을 발했다. 데카브리스트 반란을 일으킨 청년 장교를

데카브리스트 반란 현장

'1812년의 아이들'이라고 부른다.

페테르부르크는 시내 두 곳에 데카브리스트라는 이름을 부여했다. 원로원 광장 앞길과 마린스키 극장 옆길이다. 종무원 광장이 데카브리스트 광장으로 바뀐 것은 1925년. 볼셰비키 정권이 들어선 이후 데카브리스트 혁명 100주년을 기념하기 위해서였다.

푸슈킨은 황제를 믿었으나 권력은 그를 끝없이 의심하며 괴롭혔다. 그는 살얼음판을 걷듯 불안한 세월을 보내야만 했다. 그의 작품들은 이미 러시아 민중의 이상에 깊숙이 영향을 미치고 있었다. 무슨 일이 터질 때마다 푸슈킨은 사건의 배후로 지목되곤 했다.

《예프게니 오네긴》과 《대위의 딸》

《예프게니 오네긴》은 푸슈킨 시문학의 금자탑이라는 평가를 받지만 우리나라 독자에게는 덜 알려져 있다. 오페라 가수와 일부 전문가들만 알고 있을 뿐이다. 《예프게니 오네긴》은 푸슈킨이 최초로 시도한 운문 소설이다. 운문과 산문은 일견 서로 배치되는 듯 보인다. 소설을 어떻게 운문 형식으로 쓸 수 있으며, 반대로 운문을 어떻게 산문으로 만들 수 있는가? 보통 사람의 상식적인 의문이다. 푸슈킨은 서로 이질적인 운문과 산문을 융합시켜 전혀 새로운 장르를 창조한 작가로 상찬된다.

푸슈킨은 시, 희곡, 소설 등 장르를 넘나들며 다작(多作)을 남겼다. 그런 그가 유독 오래 걸린 작품이 있었으니, 바로 《예프게니 오네긴》이다. 1823년에 집필을 시작해 8년 만인 1831년에 완성했다.

이 작품은 예프게니 오네긴이라는 페테르부르크 귀족 청년을 주인공으로 전개된다. 오네긴은 시종 관찰자이면서 화자가 된다. 독자들은 소설을 읽으면서 가공의 인물인 오네긴을 푸슈킨과 오버랩시킨다. 오네긴은 파티, 연회, 극장, 무도회장을 전전하며 사치와 오락과 쾌락을 추구하는 19세기 페테르부르크 상류계급 청년의 삶을 보여준다. 오늘날 러시아가 음악, 발레 등 공연예술에서 최고 수준을 보여주는 것은 대부분 이런 귀족계급의 고상한 취미와 기호 덕분이다.

주인공 오네긴은 사춘기부터 계속되는 이런 삶의 패턴에 공허함을 느끼고 있었다. 이러던 찰나에 뜻하지 않게 먼 친척으로부터 시골 영지를 상속받게 된다. 오네긴은 도시를 떠나 농촌으로 들어가 새로운 생활을 하게 된다.

그러나 귀농생활 역시 얼마 지나지 않아 싫증을 느낀다. 느리게 가는 농촌의 시계에 적응할 수가 없었다. 따분한 농촌 생활에서 유일한 즐거움은 순수한 심성을 가진 이웃들과의 만남이었다. 이웃에는 타치아나, 올가라는 두 딸을 둔 라리느이 가족과 독일에서 갓 이주해 온 젊은 지주 블라디미르 렌스키가 살고 있었다. 그런데 타치아나가 오네긴에게 연정을 느꼈고, 시골 처녀다운 순박한 사랑의 편지를 보내왔다. 이에 오네긴은 자신은 결혼 같은 건 꿈에도 생각지 않았고 자신의 마음은 오누이 감정일 뿐이라며 타치아나를 나무란다. 어느 날 오네긴은 타치아나를 떼어버릴 생각으로 렌스키와 약혼한 올가에게 추근댔다. 모욕을 느낀 렌스키가 오네긴에게 결투를 신청한다. 오네긴은 결투 신청을 받아들였고, 결국 렌스키는 결투에서 숨지고 만다.

몇 년이 지난 후 모스크바의 사교계에서 오네긴은 우연히 타치아나를 다시 만난다. 그 사이 타치아나는 나폴레옹 전쟁의 영웅인 장군의 부인이 되어 있었다. 고상하고 품위 있는 귀족부인으로 변해 모든 이의 주목을 받고 있는 타치아나! 이번에는 오네긴이 타치아나에게 사랑을 느껴 구애를 시작한다. 타치아나는 구애를 거절한다. "저는

이미 결혼한 몸이고 영원히 남편에 대한 신의를 저버릴 수 없어요. 아내로서의 신의, 아내로서의 의무가 제가 거절할 수밖에 없는 이유입니다."

사람에 따라서는 이 정도의 스토리 구성을 가진 작품을 왜 그토록 높게 평가하는지 의아할 수도 있을 것이다. 그러나《예프게니 오네긴》은 지금도 러시아에서 가장 많이 읽히는 소설 가운데 하나이다. 어떤 문학 작품이 불멸의 이름을 얻으려면 그것이 다른 장르의 예술 작품 창조에 모티브를 제공해야 한다. 그래야만 시간과 공간을 넘어 대중의 사랑을 받게 된다.《예프게니 오네긴》이 바로 많은 예술 작품에 모티브를 제공한 소설이다. 차이코프스키는 3막짜리 오페라 〈예프게니 오네긴〉을 작곡했는데, 이 오페라는 러시아에서 매년 무대에 올라 사랑을 받는다.

푸슈킨은 운문으로 출발했다. 이미 시인으로 명성을 얻고 나서 산문에 도전했다. 그 직접적인 계기는 알려진 대로 데카브리스트 반란이었다. 이후 역사적 사건에 관심을 갖게 되었는데, 그것이 바로 푸가초프 반란이었다. 농민 폭동을 이끌며 우랄 강 유역을 누볐던 푸가초프는 노래와 전설의 주인공으로 인구에 회자되었다.

푸슈킨 역시 푸가초프라는 인물에 매료되었다. 푸슈킨은 실제 푸가초프가 활약했던 현장을 답사하며 자료를 모으고 증언을 채록했다. 우랄 지방의 국립문서보관소를 찾아 자료를 열람하기도 했다. 사실에 기초한 《푸가초프 반란사》를 집필하는 동시에, 이 시대를 배경으로 소설을 썼는데 그 작품이 바로 《대위의 딸》이다.

톨스토이는 푸슈킨이 러시아 문학 사상 최고의 경지에 이르렀다고

예술의광장에 있는
푸슈킨 동상

평가했다. 그 작품이 바로 "푸슈킨의 가장 완벽하고 심오한 작품"이라고 평가받는 《대위의 딸》이다.

소설의 주인공은 젊은 군인 표트르 그리뇨프. 그는 열여섯 살 때까지 정규교육을 받아본 적 없이 야생마처럼 들로 산으로 뛰어다니며 자란다. 열입곱 살이 되자 그의 아버지는 그리뇨프를 군대에 보낸다. 그리뇨프는 변방의 작은 요새로 배치된다. 따분한 변방 요새 근무의 연속. 그러던 중 요새 지휘관인 미로노프 대위의 딸 마샤를 사랑하게 된다.

이런 평범한 일상에 역사적 사건이 발생하면서 개인사가 역사와 뒤엉켜 수레바퀴처럼 굴러가게 된다. 역

사적 사건은 푸가초프 반란이고, 그 무대는 그리뇨프가 근무하던 변방의 요새였다. 푸가초프는 이 변방 요새를 습격해 미로노프 대위 부부를 살해한다. 딸 마샤는 신분을 숨기고 이웃집에 숨어 목숨을 건진다. 그리뇨프 역시 포로가 된다. 푸가초프의 말 한 마디에 목숨이 달려 있는 순간, 푸가초프는 그리뇨프를 알아보고 그를 살려준다.

그리뇨프는 눈보라 휘몰아치는 어느 겨울날 굶주린 어떤 사람에게 자비를 베풀어 곤경에서 벗어나게 한 적이 있었는데, 그가 바로 푸가초프였다. 푸가초프는 그에 대한 보답으로 그리뇨프를 살려주었고 여러 가지 호의를 베풀었다. 푸가초프는 그리뇨프에게 계속 자신과 함께 싸우자고 요구하지만 그리뇨프는 이를 거절한다. 얼마 지나지 않아 푸가초프 반란이 진압되었고, 반란 가담자들은 처벌을 받게 되었다. 그리뇨프는 반란 동조자로 분류되어 또다시 운명의 기로에 섰다. 이번에는 대위의 딸 마샤가 운명의 여신으로 등장한다. 마샤는 예카테리나 황제에게 탄원서를 보냈고, 예카테리나 황제는 탄원서에 감복해 그리뇨프를 석방한다.

푸슈킨은 반란군이나 정부군 어느 편도 들지 않는다. 농민 반란의 명분에는 동의하지만 그 수단의 폭력성에는 동의할 수 없었다. 푸슈킨은 그리뇨프의 입을 빌려 자신의 메시지를 전한다. "힘과 억압으로는 인간을 변화시킬 수 없다. 최상의, 그리고 가장 간단한 방법은 교육을 통해, 사랑을 가지고 그 덕성을 고양시키는 것이다."

운명의 여인을 만나다

1829년 1월, 푸슈킨은 신년 무도회에서 열여섯 살 처녀 나탈리아 곤차로바를 만난다. 푸슈킨은 눈부시게 아름다운 곤차로바에게 첫눈에 반했다. 그녀는 누구라도 반할 만큼 대단한 미인이었다. 서른 살 시인은 열여섯 처녀에게 청혼을 했으나 완곡하게 거절당한다.

물론 그 전에도 푸슈킨에게는 결혼하고 싶은 상대가 두 명 있었다. 하지만 푸슈킨의 청혼은 번번이 거절되었다. 유명한 시인이었지만 권력과의 잦은 갈등으로 인해 여자의 부모가 미덥지 않아했기 때문이다.

세 번째 청혼이 거절당하자 대시인은 낙심했다. 푸슈킨은 어디든 떠나고 싶었다. 마음의 상처를 아물게 하는 데에는 여행처럼 좋은 게 없다. 그는 남부의 카프카즈로 갔지만 오래 머물 수가 없었다. 페스트가 창궐하고 있어 이동의 제약을 받는데다 경찰의 감시로 인해 여행의 즐거움이 반감되었다. 어쩔 수 없이 페테르부르크로 돌아왔고, 다시 한 번 곤차로바에게 청혼했다. 이번에는 곤차로바가 청혼을 받아들였다.

1830년 4월, 두 사람은 약혼했다. 하지만 결혼은 약혼녀가 결혼지참금이 없어 늦춰졌다. 푸슈킨은 당시로는 아주 예외적으로 자신이

푸슈킨의 신혼 시절 모습

신부의 지참금을 내겠다고 선언했다. 유명 작가였지만 수입이 일정치 않았던 그가 어떻게 지참금을 대신 내겠다고 했을까?

푸슈킨의 아버지는 자신의 명의로 되어 있던 볼지노 영지를 아들에게 넘겨주었다. 볼지노 영지에는 80채의 농가에 246명의 남자 농노와 237명의 여자 농노가 딸려 있었다. 볼지노 영지의 새 주인이 된 푸슈킨은 3주 예정으로 마을을 방문했다. 그러나 마을로 들어간 직후 콜레라가 창궐하면서 여행 금지 조치가 내려져 그는 꼼짝없이 볼지노

영지에 갇혀 3개월을 지내야 했다. 인생은 언제나 예상치 못한 사건과 우연으로 불운과 행운이 뒤바뀌는 경우가 빈번하다. 계획이 어긋났다는 점에서 불운이었지만 얼마 지나지 않아 푸슈킨은 볼지노 영지에서의 3개월이 행운이 되었다는 사실을 깨닫는다. 그는 대자연의 고독 속에서 가을의 황홀을 만끽하며 많은 영감을 얻었다. 찾는 사람이 없으니 방해받을 일이 없었고, 고독 속에서 오로지 작품 구상과 글쓰기에만 몰입할 수 있었다. 이때 《벨킨 이야기》, 《콜롬나의 작은 집》, 《예프게니 오네긴》 등을 완성했다.

1831년 2월 8일, 서른두 살의 푸슈킨은 나탈리아 곤차로바와 결혼식을 올렸다. 두 사람은 6년간의 결혼생활에서 아들 둘, 딸 둘 4남매를 낳았다.

러시아 사람들은 대부분 여름 별장인 '다차'를 갖고 있다. 푸슈킨은 차르스코예 셀로에 다차를 마련했다. 푸슈킨이 페테르부르크에서 마차로 3시간 이상이 걸리는 이곳에서 신혼생활을 시작한 까닭은 무엇일까? 푸슈킨의 인생에서 가장 아름다웠던 때는 말할 것도 없이 차르스코예 셀로의 리체이 기숙학교 시절이다.

신혼 시절의 아내 모습

다시 리체이로 돌아가 보자. 리체이를 나와 뒤쪽으로 난 길이 아카데미체스키 거리. 이 길을 몇십 미터 걸어가면 리체이 가든이 보인다. 잠깐 이 정원을 둘러보고 가자. 푸슈킨의 동상이 보인다. 그런데 다른 곳에서 본 동상과는 다르다. 벤치에 앉아 오른손으로 머리를 괴고 상념에 잠겨 있는 모습. 페테르부르그에는 푸슈킨 동상이 5~6개가 넘지만 니는 개인적으로 이 동상의 표정이 가장 마음

에 든다. 다시 리체이 가든을 나와 아카데미체스키 거리를 걷다 보면 왼편에 알렉산드르 궁전이 보인다. 궁전을 지나면 오른쪽에 굽은 길이 나오고, 이 길을 조금 걸어가면 삼거리 길 모퉁이에 2층 집이 보인다. 현재는 박물관으로 사용되는 푸슈킨의 다차이다.

입장권과 사진 촬영권을 산 뒤 덧신을 신고 복도를 조심조심 걷는다. 마치 잠깐 집을 비운 신혼부부의 침실을 훔쳐보려는 듯이. 1층에는 식당, 거실, 그리고 경대가 있는 작은 방이 보였다. 1층에서 시선을 사로잡는 곳은 부인 곤차로바가 사용하던 경대가 있는 방. 오른쪽에 경대가 있고, 그 앞에 작은 의자가 있다. 경대 맞은편 벽에 작은 초상화 액자가 걸려 있다. 열여덟 살의 곤차로바. 정말 눈부시게 아름답다. 대시인이 첫눈에 반할 만하다. 그 옆 벽면에는 서른두 살의 푸슈킨 초상화가 걸려 있다. 시인은 양 볼이 홀쭉했다.

2층은 서재와 집필실. 유리창으로 신록이 한가득 쏟아져 들어왔다. 시인이 썼던 원형의 책상에는 원고지들이 펼쳐져 있다. 원고지가 바람에 날리지 않게 눌러놓은 말 모양의 물건, 깃털 펜, 잉크병, 하인을 호출하는 종……. 시인이 글을 쓰다 고개를 살짝 오른쪽으로 돌리면 아름다운 자연이 한눈에 보였다. 집필실 분위기는 거의 완벽에 가까웠다. 아름다운 풍경 속에서, 세상에서 가장 아름다운 여인을 아내로 맞아들인 시인은 얼마나 행복했을까.

차르스코예 셀로 여행에서 예카테리나 궁전을 보았다면, 마땅히 리체이의 기숙사와 푸슈킨의 다차를 함께 볼 것을 권한다. 기숙사의 소년과 다차의 시인을 오롯이 만날 수 있을 것이다.

1830년에 완성된 작품 중《예프게니 오네긴》과 함께 반드시 기억해야 할 것이 있다. 운문 희곡《모차르트와 살리에리》이다. '모차르트와 살리에리'는 영화 〈아마데우스〉를 통해 널리 알려졌다. 체코 출신의 세계적 영화감독 밀로스 포먼이 감독한 영화 〈아마데우스〉. 우리는 〈아마데우스〉를 통해 천재 음악가의 내면을 경쟁자의 시각에서 바라보는, 관점의 중요성을 배웠다. 나의 전작인《프라하가 사랑한 천재

푸슈킨의 신혼 다차의
2층 집필실

들》의 밀로스 포먼 편에서 썼지만 영화 〈아마데우스〉는 포먼 감독이 런던에 갔다가 우연히 웨스트엔드에서 연극 〈아마데우스〉를 보고 깊은 감명을 받아 영화로 만든 것이다. 희곡 〈아마데우스〉는 피터 쉐퍼의 작품이었다. 피터 쉐퍼가 바로 푸슈킨의 극시 《모차르트와 살리에리》를 읽고 영감을 받아 쓴 희곡이 〈아마데우스〉이다. 푸슈킨은 이렇듯 우리가 모르는 사이에 우리 문화생활 깊숙이 침윤해 있다.

1831년은 푸슈킨의 인생에서 중요한 사건이 많이 벌어졌다. 떠오르는 작가인 니콜라이 고골을 만난 것도 이때였다. 푸슈킨은 고골의 단편소설을 읽고는 그를 후원하기로 결심하고 자신이 발행하는 문학 잡지 《동시대인》에 그의 작품을 실었다. 고골은 푸슈킨의 다차에 놀러오기도 했다.

청동의 기사

보통 사람에게 푸슈킨의 서사시 《청동의 기사(The Bronze Horseman)》는 잘 알려져 있지 않다. 그러나 페테르부르크와 슬라브 인의 정신세계를 이해하려면 반드시 《청동의 기사》를 읽어야 한다. 푸슈킨은 네바 강을 응시하고 있는 표트르 대제의 청동 기마상에서 영감을 받아 1833년에 《청동의 기사》를 썼다.

《청동의 기사》는 1824년 페테르부르크 대홍수와 밀접한 관련이 있다. 표트르 대제가 습지인 이곳에 페테르부르크를 건설하기로 결심한 것은 간단명료했다. 그는 발트 해로 나가는 뱃길을 확보하지 않고는 러시아가 강대국이 될 수 없다고 판단했다. 표트르 대제의 판단은 옳았다. 그러나 최악의 지리적 환경 속에서 도시를 건설하다 보니 무수한 인명의 희생이 뒤따랐다. 그는 한 가지 사실을 간과했다. 그것은 홍수였다. 1703년 요새 건설을 시작한 지 정확히 3개월 만에 첫 번째 홍수가 밀어닥쳐 야적해 놓았던 건축 자재를 쓸어가 버렸다.

네바 강은 매년 한 번씩 강물의 수위가 위험한 수준까지 상승한다. 하지만 강물이 넘쳐 홍수가 난 것은 1777년, 1824년, 1924년, 1955년 모두 네 차례였다. 이 네 번의 홍수로 페테르부르크는 큰 타격을 입었다. 1824년 시 전체가 물 속에 잠겨 건물 462채가 완전히 파괴되었다. 이 대홍수의 흔적은 윈터 운하와 페트로파블로프스크 요새로 들어가는 네바 문에 표식해 놓았다. 네바 문은 강을 통해 요새감옥에 들어가는 관문이다. 이 문으로 일단 들어오면 살아서는 나가지 못한다는 말이 있다! 페테르부르크가 대홍수의 위험에서 벗어난 것은 1989년 댐 건설을 하고 나서부터이다.

두 번의 홍수에서 푸슈킨은 시적 영감을 받았다. 푸슈킨은 1824년 대홍수와 관련된 여러 가지 생각을 하면서 안개가 자욱한 거리를 걷다

표트르 대제의
청동 기마상

위쪽 네바 강 게이트
아래쪽 네바 강 게이트
에 새겨진 1824년 대홍
수 당시의 수위 표시

가 표트르 대제의 청동 기마상과 맞닥뜨렸다. 청동 기마
상을 올려다보면서 푸슈킨은 표트르 대제의 대업에 가
려진 평범한 사람들의 희생에 생각이 미치게 되었다.

《청동의 기사》의 주인공은 예프게니. 예프게니는 1824년 대홍수로
인해 사랑하는 여인을 잃게 된다. 그는 슬픔을 이기지 못한 채 정처없
이 거리를 방황하다가 우연히 표트르 대제의 청동 기마상을 마주하게
된다. 그는 표트르 대제의 청동상이 자신에게 닥친 불행의 원인이라
생각하고는 청동상을 보며 욕설을 퍼붓는다. 곧이어 예프게니는 환청
에 사로잡힌다. 청동 기사가 기단석 위에서 내려와 자신을 잡으려 말
발굽 소리를 내며 쫓아온다고 착각한 것이다. 예프게니는 청동 기사
를 피해 정신없이 도망치다 그만 네바 강에 빠져 죽고 만다. 푸슈킨은
《청동의 기사》에서 표트르 대제를 위대한 인물인 동시에 평범한 사람
을 가차없이 죽게 하는 잔인한 인물로 묘사한다. 푸슈킨은 인간에 대
한 사랑이 결여된 문명은 파멸에 이를 수밖에 없다는 메시지를 던지고

있는 것이다.

표트르 대제 동상 제막식은 1782년에 있었다. 이 기념비적 동상은, 남편을 쿠데타로 죽이고 황제에 오른 예카테리나 대제가 자신이 표트르 대제의 영광을 계승한다는 의미로 헌정한 것이다. 이 동상은 현재는 '청동의 기사'로 더 잘 알려져 있다. 프랑스 조각가 에티앙 팔코네가 이 야심찬 프로젝트를 기획했고, 제작하는 데에만 장장 12년 이상의 시간이 걸렸다.

청동상의 무게는 자그마치 1,625톤. 기단석은 핀란드 만에서 가져온 화강암. 청동상의 무게를 알고 나면 뒷발로 어떻게 1,625톤의 무게를 지탱할 수 있을까 하는 의문을 갖게 된다. 뒷발과 꼬리에 역학의 원리를 적용하는 기술로 1,625톤을 지탱하게 했다. 동상에는 딱 하나의 문장이 러시아 어와 라틴 어로 새겨져 있다. "예카테리나 2세가 표트르 1세에게."

러시아 인의 정신에 청동의 기사가 어떻게 자리매김하고 있는지를 보여주는 사례가 있다. 2차 세계대전 중 레닌그라드가 900일간 포위되었을 때의 일이다. 시민들은 행여나 포격으로 청동의 기사가 다치기라도 할까봐 동상을 지키려 총력을 다했다. 목재로 동상을 덮는 틀

푸슈킨의 소설 《청동의 기사》 삽화. 알렉산드르 베누아

을 만든 뒤 여기에 모래주머니를 쌓아올렸다. 그리고 다시 모래주머니 바깥쪽을 모래로 감쌌다. 청동 기마상의 높이가 9미터에 이른다는 점을 감안하면 얼마나 많은 모래주머니가 동원되었는지를 짐작할 수 있겠다. 개혁군주 표트르 대제를 향한 러시아 인의 연모는 지금까지도 면면히 흐른다. 정교회에서 막 결혼식을 올린 신혼부부는 으레 이 동상 아래에서 사진을 찍는다. 러시아의 신혼부부들은 이 청동의 기사가 행운을 가져다준다고 믿고 있다.

비극의 시작

1834년 들어 푸슈킨이 내리막길에 들어섰다는 얘기가 조금씩 흘러나왔다. 신작 《안젤로》는 혹평을 받았고 《푸가초프 반란사》는 거의 팔리지 않았다. 그나마 《스페이드의 여왕》이 기대에 조금 부응했을 뿐이다. 책이 팔리지 않자 푸슈킨은 초조해졌다.

그래서 같은 해 12월, 푸슈킨은 황제가 제안한 시종보 자리를 받아들인다. 위대한 시인이 황제의 수하가 되었다는 것은 명백한 굴욕이었다. 여기에는 곤차로바의 미모에 반한 니콜라이 1세가 그녀를 자주 보려는 의도에서 푸슈킨에게 시종보 자리를 제안했다는 해석도 있다. 당시의 시각으로 보나 지금의 눈으로 보나 도저히 이해할 수 없는 선택이다. 푸슈킨을 옹호하는 입장에서는 국립문서보관소 출입을 무시로 하기 위해서 시종보 직을 맡았다고 해석한다. 푸슈킨이 국립문서보관소에서 푸가초프 반란 관련 문서를 마음 놓고 열람하고 싶어 했다는 것이다. 그러나 가장 설득력 있는 이유는 경제적인 안정이었다.

1836년에 푸슈킨의 대표작 《대위의 딸》이 출간되었다. 《대위의 딸》은 푸슈킨이 끝났다는 일부의 평가를 단숨에 뒤집으며 대중의 호평을

푸슈킨의 원고와 스케치

받았다. 푸슈킨의 불행은 곤차로바가 너무 아름답다는 데서 싹트고 있었지만 푸슈킨은 이를 알지 못했다. 아내와 관련된 이상한 소문이 퍼지기 시작했다. 1836년 12월, 푸슈킨에게 발신인이 없는 편지 한 통이 모이카 거리 12번지 집으로 배달되었다. 이 익명의 편지가 위대한 작가의 운명을 바꿔놓게 될 줄은 아무도 몰랐다. 편지는 곤차로바가 다른 남자를 만나고 다닌다는 내용이었다.

익명의 편지는 한 번으로 끝나지 않았다. 또다른 편지는 "아내에게 배반당한 남자가 된 것을 축하하는"으로 시작했다. 익명의 편지에는 페테르부르크 주재 네덜란드 공사의 아들인 기병 장교 단테스가 곤차로바의 애인이라고 적혀 있었다. 편지를 보낸 사람은 바로 단테스였다. 단테스가 곤차로바를 짝사랑한 나머지 이런 행동까지 저지른 것이다. 모욕을 느낀 푸슈킨은 중간에 사람을 넣어 단테스에게 결투를 신청했다. 그러나 다행스럽게 결투는 성사되지 않았다. 푸슈킨의 후견인 역할을 해온 주코프스키가 이 사실을 알고 중재에 나서 결투를 무산시켰다.

결투는 무산되었지만 두 사람은 이상하게 엮이게 된다. 단테스가 곤차로바의 언니에게 청혼을 했고, 두 사람이 결혼한다. 두 사람은 하루아침에 동서지간으로 바뀌었다. 하지만 처음에는 행동을 조심하던 단테스가 시간이 흐르자 본색을 드러냈다. 단테스는 처제로 바뀐 곤차로바에게 노골적으로 치근덕거리며 무례하게 굴었다. 푸슈킨의 친구는 단테스의 행동과 관련해 다음과 같은 기록을 남겼다. "단테스는 곤차로바의 뒤꽁무니를 쫓아다니는 일을 그만두지 않았다. 그는 남의 시선은 전혀 의식하지 않았고, 오히려 푸슈킨이 자신을 질투하고 있다며 조롱하기까지 했다."

잠잠하던 두 사람 사이의 추문이 다시 입에서 입으로 사교계에 퍼졌다. 푸슈킨은 근거 없는 애기라고 치부하고 넘어가려 했다. 하지만 이번에는 익명의 편지가 푸슈킨의 친구들에게도 배달되었다. 푸슈킨은 도저히 참을 수가 없었다. 푸슈킨은 다시 한 번 단테스에게 결투를 신청했다.

푸슈킨의 레모네이드

결투는 1837년 1월 27일 정오 페테르부르크 북쪽의 눈 덮인 삼림지대에서 이뤄졌다. 푸슈킨은 모이카 거리 12번지 집을 나와 하인 코즐로프와 함께 5분 거리에 있는 '리터러리 카페'로 갔다. 리터러리 카페(문학 카페)는 네프스키 대로와 모이카 강이 만나는 지점에 있다. 리터러리 카페에서 푸슈킨은 비서 콘스탄틴 단자스를 만나 썰매마차를 타고 결투 현장으로 갔다. 이 문학 카페는 작가와 시인들이 즐겨 찾던 카페로 푸슈킨도 단골이었다.

문학 카페는 네프스키 대로변에 간판이 여러 개 붙어 있어 여간해선 놓치기 힘들다. 문을 밀고 들어가면 1층 창가에 어디서 많이 본 듯

왼쪽 문학 카페에 있는 푸슈킨 스케치
오른쪽 푸슈킨이 좋아했던 레모네이드

한 얼굴이 앉아 있다. 푸슈킨 밀랍인형이다. 식당은 2층에 있다. 2층으로 올라가는 계단실 벽면에 이 카페를 단골로 삼았던 작가들의 초상화가 몇 점 걸려 있다. 도스토예프스키도 보였다.

내가 이 카페에 들어간 시간은 저녁 여덟 시쯤. 이미 카페 안은 분위기가 무르익고 있었다. 카페는 자주색 벽지로 마감되어 있었고, 벽면에는 제정 러시아 시절부터 지금까지 이 카페를 드나든 명사들의 이름이 동판에 새겨져 있었다.

1815년에 생긴 카페니 얼마나 많은 사람들이 이곳을 드나들었을까. 오래 전부터 나는 페테르부르크에 가면 꼭 이 카페에서 레모네이드를 곁들여 식사를 하고 싶었다. 푸슈킨이 생전에 마지막으로 마신 음료가 레모네이드였으니까. 나는 양갈비 스테이크를 주문하면서 웨이터에게 "푸슈킨이 좋아한 레모네이드"를 함께 주문했다.

문학 카페 2층에 있는 푸슈킨 전용석. 푸슈킨 인형을 세워놓았다.

푸슈킨이 생애 마지막 순간에 앉았던 자리는 모이카 강이 보이는 창가. 식당 측은 푸슈킨 인형과 푸슈킨 자화상으로 그 자리를 표시해 놓았다. 레모네이드가 나왔다. 선홍색 음료! 무슨 맛일까. 한 모금 마셨다. 미지근하면서 달콤한 모르스 주스 맛이었다. 레모네이드 하면 시원하고 상큼한 맛으로 입력되어 있던 나는 깜짝 놀랐다. 우리나라의 레모네이드와 러시아의 레모네이드는 이름만 같을 뿐 전혀 다르다는 얘기를 듣긴 했지만 이 정도일 줄이야. 카페 안쪽에서는 소프라노 가수가 하프, 피아노, 바이올린 연주에 맞춰 노래를 부르고 있었다.

푸슈킨이 앉았던 그 자리에서 그날의 푸슈킨을 떠올려보았다. 푸슈킨의 마지막 체취가 보존되어 있는 곳에 와 있다는 감격과 행복. 그러나 그것도 잠깐, 곧 안타까움이 밀려왔다. 위대한 작가는 이미 이성을 잃었다. 결투는 분노만으로 이길 수 없는 냉엄한 현실이었다. 푸슈킨의 판단력은 분노로 흔들렸다. 푸슈킨은 명예훼손에 대해 누구보다 예민했다. 이번에는 상대가 달랐다. 단테스는 총을 잘 쏘는 기병 장교였다.

공연을 감상하며 나는 평생 잊지 못할 식사를 했다. 10시쯤 계산서를 요구하자 웨이터가 두꺼운 책을 테이블에 올려놓고 갔다. 양장본 책 겉표지를 열어보니 그 안에 계산서가 놓여 있었다. 책은 계산서 통이었던 것이다. 역시 문학 카페답다. 페테르부르크에 와서 이 카페를 경험하지 못하고 돌아갔다면 얼마나 아쉬웠을까. 나는 200년 된 카페를 지켜온 페테르부르크가 한없이 부러웠다.

결투, 그리고 장렬한 최후

결투 현장을 보고 싶었다. 푸슈킨은 그날 비서와 하인을 대동하고 썰매마차를 타고 갔지만 나는 지하철을 이용하기로 한다. 지하철 2호선 체르나야 레츠카 역에서 내린다. 문이 열리고 승강장에 내리자 오른쪽에 외투를 걸친 남자의 전신상이 서 있다. 푸슈킨이다. 동상 앞에 꽃 한 다발이 놓여 있었다. 이 역은 2호선 네프스키 대로역에서 세 번째 여. 시간으로 따지면 15분여밖에 안 걸린다. 눈 내린 그날 푸슈킨은 썰매마차를 타고 얼마 만에 도착했을까.

체르나야 레츠카 역
승강장의 푸슈킨 동상

승강장에 푸슈킨 동상을 세워놓은 것은 이 역이 결투 현장으로 가는 지하철역이라는 뜻이다. 출구는 하나뿐이니 몇 번 출구로 나갈까 걱정할 필요가 없다. 역사를 나오면 작은 광장이 있고, 이 광장을 가로질러 20여 분을 걸어야 한다. 승용차를 이용한다고 해도 길이 마땅치 않다. 초행길이라 조금 멀게 느껴졌다.

결투 공원은 멀리 보이는 아파트 뒤편. 아파트 뒤로 철길이 있고 철길 건너편이 결투 공원이다. 공원 풀밭 여기저기에 눕거나 엎드려 햇볕을 쪼이는 사람들이 보였다. 러시아 인들은 혹독한 겨울을 견디려 여름철 한 움큼의 햇빛도 그냥 내버려둘 수 없다는 듯 틈만 나면 벗고 햇볕을 쪼인다.

공원은 따로 이름이 없다. 그냥 '결투 공원(duel park)'이라고 부른다. 공원 한가운데 푸슈킨 기념비가 세워져 있고, 그 중간쯤에 푸슈킨 초상화가 부조로 새겨져 있다. 뒷면에 "1799. 5. 26~1837. 1. 29"이라고 새겨져 있다. 이 기념비는 사망 100주년이던 1937년에 세워졌다.

이곳은 관광지와는 거리가 멀지만 시내에서 파는 관광안내도에는 모두 표기되어 있다. 푸슈킨 기념비를 둘러싸고 벤치가 여러 개 놓여 있고 사람들이 한가로이 앉아 있다. 나도 벤치에 앉아 잠시 쉬기로 했다.

1월 27일 운명의 날. 결투 시간은 정오였다. 불행히도 푸슈킨의 손놀림은 빠르지 못했다. 단테스가 먼저 총을 뽑았고 한 발의 총알이 뿜어져 나왔다. 그 총알이 푸슈킨의 복부에 박혔다. 푸슈킨은 앞으로 고꾸라졌다. 눈밭이 피로 물들었다. 푸슈킨은 패배했다.

비서 단자스와 하인 코즐로프가 푸슈킨을 마차에 싣고
페테르부르크 시내를 향해 달렸다. 푸슈킨을 실은 썰매는
한 시간 이상을 달렸다. 코즐로프는 마차를 몰았고, 단자
스는 푸슈킨을 부축하며 총상 부위를 압박했다. 푸슈킨은
격심한 통증과 함께 한기를 느꼈다. 이미 푸슈킨은 체력
이 소모될 대로 소모된 상태에서 모이카 12번지 집에 도
착했다. 즉각 주치의가 달려와 푸슈킨의 총상을 살폈지만 총상은 손
쓸 수 없을 정도로 깊었다.

이제 푸슈킨이 마지막 가쁜 숨을 몰아쉰 모이카 집으로 가보자. 현
재는 푸슈킨 박물관으로 운영되고 있다. 페테르부르크에 있는 푸슈킨
관련 기념관 중 가장 내방객이 많은 곳이다. 모이카 크루즈 여행에서
도 배가 이 집 앞을 지나간다. 푸슈킨이 결투에서 부상을 입고 이 집에
서 치료를 받을 때 푸슈킨을 염려한 시민들이 집 앞에 몰려들었다. 대
문에 '병세 진행 상황'이 붙을 때마다 그것을 읽으려는 시민들로 북새

통을 이뤘다.

입장권과 사진촬영권을 산 뒤 역시 덧신을 신고 안으로 들어갔다. 관람객은 지하실에서부터 투어를 시작한다. 전문 안내원이 러시아어, 영어 등으로 방마다 돌며 설명을 한다. 러시아 어로 설명하는 여성은 귀부인의 풍모로 푸슈킨에 대한 자부심이 넘쳤다. 지하실 전시공간에 들어서자마자 푸슈킨의 결투 장면을 그린 그림이 관람객들을 사로잡는다. 프랑스 화가가 당시 목격자들의 증언을 바탕으로 그린 그림이다. 침엽수림을 배경으로 피를 흘리며 눈밭 위에 쓰러진 푸슈킨! 단테스와의 거리는 15~20미터로, 대략 포수와 투수의 거리쯤 되었다.

첫 번째 방은 푸슈킨의 메모, 작품 구상, 초고 원고, 스케치 등이 전시되어 있다. 이 중 눈길을 끈 것은 스케치. 푸슈킨이 어떤 식으로 소

모이카 12번지에 있는
푸슈킨 박물관

설을 썼는지를 보여준다. 푸슈킨은 작품을 쓰기 전 등장인물의 인상착의, 등장인물들의 관계, 주요 공간, 거리 등을 전부 스케치했다. 비록 러시아 어는 이해할 수 없었지만 스케치만으로도 푸슈킨의 창작 스타일을 엿볼 수 있다. 1층에는 푸슈킨이 결투 당시 사용한 권총도 전시되어 있다.

2층은 푸슈킨이 실제 살던 집이다. 현관에는 사망 직후의 푸슈킨 그림과 데드마스크가 보인다. 푸슈킨의 집 가구들은 전부 최고급의 마호가니 가구. 푸슈킨이 누웠던 긴 소파가 보였다. 부인은 총상을 입은 채 실려온 남편을 보

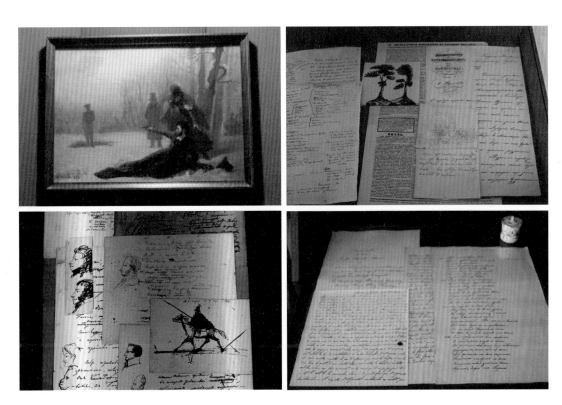

푸슈킨의 결투 그림(왼쪽 위)과 푸슈킨의 메모 및 구상 스케치, 친필 원고들

고 얼마나 황망했을까. 또 스스로를 얼마나 자책했을까. 의사는 또 위
대한 작가의 생명이 깜빡깜빡 꺼져가는 것을 보면서도 아무것도 할 수
없음에 얼마나 무력함을 느꼈을까.

푸슈킨의 집에서 가장 가슴 저린 공간이 있다. 그것은 아이들의 방
이다. 어린 4남매가 가지고 놀던 목마, 장난감, 인형 등이 놓여 있다.
죽음의 의미를 모르는 나이였겠지만 그랬기에 더 마음이 아팠다. 4남
매에게 어느 날 갑자기 들이닥친 아버지의 부재라는 현실. 그리고 커
가면서 느꼈을 아버지의 빈자리.

아이들 방을 지나면 곤차로바의 방이 나온다. 곤차로바가 사용하던
책상에는 편지가 있었다. 단테스가 푸슈킨에게 보낸 편지였다. 푸슈
킨을 분노에 떨게 한 편지.

푸슈킨의 집에서 가장 감동적인 공간은 대문호의 집필실 겸 서재
다. 집필실은 약 10평 정도로, 아주 고급스런 작은 도서관 같다. 서가
를 배경으로 중앙에 책상이 놓여 있다. 책상에는 펜, 잉크대, 편지봉투

아이들의 방

푸슈킨의 집필실 겸 서재

개봉하는 칼, 하인을 부르는 종 등이 그날 그 모습 그대로 있다. 잉크
대는 여느 잉크대와 차이가 있었다. 흑인 소년의 인형이 붙어 있다. 푸
슈킨 연구자들은 푸슈킨이 흑인이었던 외중조할아버지 아브람 한니
발에 대한 연모에서 이런 잉크대를 평생 사용했다고 해석한다. 푸슈
킨은 외중조부의 삶에서 영감을 얻어 《표트르 대제의 흑인》이라는 소
설을 집필하던 중에 운명을 달리했다.

푸슈킨이 사용하던 의자에 앉으면 눈높이의 정면 벽에 그림 한 점
이 걸려 있고 그 아래에 탁자가 놓여 있다. 그 사이에 걸린 칼이 눈에
들어온다. 푸슈킨이 카프카즈 지방으로 유배를 갔을 때 선물로 받은
터키 식 사브르 칼이다.

책상 왼쪽에는 지팡이와 2시 45분을 가리키는 시계가 놓여 있다.
그 모습을 보고 있자니, 서재의 주인이 잠깐 자리를 비운 듯한 착각에
빠졌다. 모든 것이 1837년 1월 29일에 정지해 있었다.

푸슈킨이 선물로 받은
터키 식 칼

푸슈킨은 결투 이틀 후인 1월 29일에 눈을 감았다. 대문호의 나이 서른여덟 살이었다. 푸슈킨은 자신이 죽으면 미하일로프스키 가족묘에 묻어달라고 유언했다. 황실은 푸슈킨의 장례를 국장으로 하면 대규모 반정부 시위가 일어날 수 있다는 점을 우려해 가족장으로 치르게 했다. 하인 코즐로프가 푸슈킨의 시신을 묘지까지 운구했다. 푸슈킨의 장례가 치러지고 난 뒤 단테스는 장교에서 사병으로 강등되었고, 러시아에서 추방되었다.

푸슈킨이 사망한 후 곤차로바는 네 자녀를 데리고 란스키 대령과 재혼했다. 곤차로바는 재혼하면서 유품을 비롯해 푸슈킨과 관련된 모든 것을 잘 간수했다. 란스키 대령 집에서는 주말마다 푸슈킨을 추모하는 시간을 가졌고, 자녀들이 푸슈킨의 성을 유지하도록 했다. 18~19세기 유럽에서는 여자가 사별하면 자녀를 데리고 재혼하는 게 관습이었다. 이 대목에서 우리는 모차르트의 아내 콘스탄체를 떠올리게 된다. 콘스탄체는 남편 사망 후 외교관과 재혼했는데, 외교관 남편에게 모차르트 전기를 쓰게 했다. 작가가 아니어서 전기의 완성도는 떨어지지만 모차르트의 '첫 번째 전기'라는 가치만큼은 변하지 않는다.

시인 레르몬토프는 푸슈킨의 장례식이 끝나고 얼마 뒤 그를 애도하는 시 〈시인의 죽음〉을 썼다. 이 시는 푸슈킨을 죽음에 이르게 한 것이 페테르부르크 상류사회의 타락과 부패에서 기인한다고 고발했다. 〈시인의 죽음〉은 발표되자마자 대중의 찬사를 받았지만 그에 정비례해 황제의 미움을 샀다. 푸슈킨의 죽음이 그의 자유주의적 사상을 두려워한 권력가들의 음모에서 비롯되었다고 비판했기 때문이다. 레르몬토프는 푸슈킨이 그랬던 것처럼 카프카즈 지방으로 추방당했다.

푸슈킨 사망 직후의 그림

푸슈킨의 죽음은 허무하고 어이없다. 푸슈킨은 위대한 작가이기 이전에 한 여자의 남편이었다. 사랑하는 아내를 모욕하는 사람을 더 이상 보고만 있을 수는 없었다. 사랑하는 아내의 명예를 지키려 스스로 원한 결투에서 장렬하게 최후를 맞았으니 남자다운 죽음이 아니냐고 반문할 수도 있다. 하지만 푸슈킨은 자연인이 아닌 이미 러시아의 국민적 영웅이 아닌가.

동시대 작가인 고골은 "그의 강건한 신체는 90까지도 살 수 있을 정도였다"고 아쉬워했다. 1837년 월간지《동시대인》5월호는 푸슈킨 추모 특집 기사를 실었다. 다음은 그 일부다.

"러시아는 푸슈킨의 천재성이 삶의 시련과 깊은 사색의 단계를 거치면서 성숙하여 비로소 최고의 힘을 발휘하게 된 바로 그때에 그를 잃었다. 이것은 돌이킬 수 없는, 또 무엇으로도 보상받을 수 없는 손실이다."

서른여덟이라는 젊은 나이에 생을 마감한 푸슈킨. 그가 떠난 지 176년이 지났지만 러시아에서는 여전히 그의 요절을 러시아 문학의 재난으로 평가한다. 미하일로프스키 마을의 푸슈킨 묘비에는 이런 문구가 적혀 있다.

"푸슈킨이 살아서 우리에게 다시 돌아오리라."

도스토예프스키,

선과 악의 투쟁

푸슈킨이 떠난 즈음

오월이 되면 페테르부르크는 시나브로 백야(白夜)로 물들어 간다. 밤이 되어도 어두워지지 않는 백야. 1837년 5월, 열여섯 살 소년이 모스크바에서 아버지, 형과 함께 승합마차를 타고 페테르부르크를 향해 길을 떠났다. 말 네 필이 끄는 승합마차는 지금의 버스와 같았다. 페테르부르크와 모스크바 간 철도는 1851년에 개통되었으니, 이때는 마차가 유일한 교통수단이었다. 이 가족은 장장 670킬로미터의 거리를 덜컹거리는 마차를 타고 일주일 만에 페테르부르크에 도착했다.

형제는 모스크바 빈민구제병원 의사였던 아버지의 희망에 따라 육군공병학교 입학시험을 치르기 위해 페테르부르크에 첫발을 내딛었다. 하지만 형은 공병학교 시험에 불합격하고 동생만 합격했다. 형제 중 동생이 바로 표도르 도스토예프스키이다.

도스토예프스키가 페테르부르크에 온 시점이 절묘하다. 4개월 전인 1월 29일 러시아 문학의 태양 푸슈킨이 유명을 달리했다. 푸슈킨은 결투에서 총을 맞아 사망했고, 이로 인해 러시아 전체가 깊은 슬픔에 빠져 있었다. 우연이지만 소년은, 온 러시아 인이 푸슈킨을 비명에 보

표도르 도스토예프스키

내고 황망해하던 시점에 페테르부르크에 입성했다.

《가난한 사람들》,《죄와 벌》,《악령》,《카라마조프 가의 형제들》. 도스토예프스키의 대표 작품들이다. 도스토예프스키라는 이름을 모르는 사람은 거의 없다. 그를 모르고서는 러시아를 말할 수도, 이해할 수도 없기 때문이다. 그러나 그의 대표작들을 끝까지 모두 읽는 사람은 전공자나 작가 지망생 외에는 의외로 많지 않다. 왜 그럴까? 그의 소설은 읽기 어려운 소설이 아니다. 읽는 재미가 쏠쏠하다. 한번 잡으면 책을 놓기가 어려울 정도다. 그렇다면 더더욱 궁금해진다. 왜 그런가?

나의 주관적인 판단으로는 그 '깊이' 때문이다. 그의 소설을 읽다 보면 바닥을 모르는 심연으로 가라앉는다는 느낌을 받을 때가 많다. 솔직히 그 깊이에 두려움을 느낀다. 동시에 그는 어떻게 이렇게까지 인간을 깊이 이해하고 있을까 하고 놀라게 된다. 선과 악이 뒤엉킨 인간의 어둡고 깊은 심층심리를 그는 마치 지하 수천 미터 갱도에서 광부가 곡괭이질을 하듯 파내려간다. 그 끝없음에 두려움은 공포로 발전한다.

문호(文豪)로 평가받는 기준 중 하나는 그의 작품이 다음 세대의 인물에게 영향을 주어 그로 하여금 새로운 발견을 하거나 깨달음에 도달하게 하는 것이다. 도스토예프스키의 작품들은 동서양의 많은 인물에게 영감을 주었다. 그에게 영향을 받아 새로운 발견을 이뤄낸 대표적 인물이 정신분석학의 아버지 지그문트 프로이트(1856~1939년)다. 프로이트는 무의식의 발견과 함께 '오이디푸스 콤플렉스'라는 개념을 통해 모든 아들에게는 부친 살해의 본능이 숨어 있다는 주장을 펼쳤다. 이것은 실로 위대한 발견이다. 아무리 첨단 과학기술이 발달한 21세기에도 존속살인 사건은 끊이지 않고 일어난다. 그 존속살인 사건의 99퍼센트는 아들이 아버지를 살해하는 것이다. 딸이 부모를 살해하는 경우는 매우 드물다. 프로이트는 어떻게 모든 아들이 내면 깊숙이 숨기고 있는 부친 살해의 본능을 갈파할 수 있었을까?

프로이트와 도스토예프스키. 두 사람은 19세기의 25년을 유럽의 같은 하늘 아래 살았다. 그 25년 동안 프로이트는 빈에서 인생의 초반을, 도스토예프스키는 페테르부르크에서 인생의 후반부를 각각 살았다. 도스토예프스키는 서유럽을 많이 여행했지만 프로이트를 만난 일은 없다. 그럴 수밖에 없는 것이, 프로이트는 당시 빈 의과대학 대학원생에 불과했으니까.

프로이트는 빈에서 도스토예프스키를 그의 소설로 만났다. 이후 프로이트는 도스토예프스키를 숭배했다. 특히 프로이트는 《카라마조프가의 형제들》을 극찬했는데, 이를 《햄릿》과 연결시켜 공통점을 찾고자 했다. 셰익스피어와 도스토예프스키는 살았던 시대와 공간이 다른데, 왜 이들의 작품에는 똑같이 부친 살해가 등장할까? 프로이트는 이 의문에 천착했다. 오랜 세월 철저한 고립과 고독 속에서 그 원인에 대해 사유하고 또 사유한 끝에 결국 부친 살해의 본능을 발견해 냈다. 이렇게 보면 도스토예프스키는 프로이트가 무의식의 발견과 정신분석학의 기초를 세우는 데 결정적으로 공헌한 사람이기도 하다.

유년기의 포르말린 냄새

도스토예프스키의 아버지는 모스크바 의대를 나온 의사였다. 한동안 군의관으로 근무하다 1819년 상인의 딸과 결혼했고, 이후 마린스키 병원에서 근무했다. 장남 미하일 도스토예프스키는 1820년에 태어났고, 차남 표도르 도스토예프스키는 1821년 10월 30일 모스크바에서 태어났다. 그 뒤를 4남매가 잇따라 출생한다. 그가 태어난 곳은 병원 부속 아파트였다.

한 인간의 인격 형성에서 유년기 환경은 대단히 중요하다. 열 살 때까지 그에게 주어진 환경은 작은 아파트가 전부였다. 부모는 일 년에 한 번씩 아이들을 데리고 모스크바에서 80킬로미터 떨어진 세르게이 트로이츠키 수도원에 가는 것을 제외하고는 거의 도시를 벗어나지 않았다.

모스크바는 페테르부르크와 마찬가지로 귀족의 도시였다. 도시 곳곳에 귀족의 화려한 문화가 흘러넘쳤지만 도스토예프스키는 유년 시절 부모를 따라 오페라나 발레를 보러 다닌 적이 없다. 신분제 사회에서 의사의 신분은 낮았고, 수입은 겨우 가족을 먹여 살릴 정도였던 것으로 보인다. 유년 시절 그는 대자연의 광활함과 아름다움을 누릴 기회가 절대적으로 부족했다. 아파트는 병원과 붙어 있어서 구중중한 병원 분위기가 그대로 집안에까지 전달되었다. 환기가 잘 되지 않고 생기 없는 병실 분위기, 사람 냄새와 포르말린 냄새가 뒤섞인 음울한 환경······.

아파트와 병원은 정원을 함께 쓰고 있었다. 봄이 되면 정원에는 회복기의 환자가 나와 햇볕을 쬐곤 했다. 그는 환자들과 얘기하는 것을 좋아했지만 아버지는 그러지 못하게 했다. 그는 거의 또래 친구를 만들지 못하며 유년기를 보냈다. 그가 열 살 되던 해에 아버지는 평생 의사로 봉직한 대가로 말단 귀족에 편입되었고, 마침내 모스

도스토예프스키의 아버지

크바에서 60킬로미터 떨어진 곳에 작은 영지를 구입할 수 있었다. 이때부터 아이들은 여름방학 때마다 도시를 벗어나 이 시골에서 해방감을 만끽했다.

도스토예프스키의 어머니

세계적인 역사학자 E. H. 카는 대학교수가 되기 전 20년 가까이 외교관 생활을 했다. 카는 외교관 활동의 거의 대부분을 러시아에서 보냈는데, 이때 도스토예프스키 관련 자료를 수집해 《도스토예프스키 평전》을 쓴다. 이 책은 카의 첫 번째 저서이면서 도스토예프스키에 관한 첫 번째 평전이다. 이 책은 이후 나오는 도스토예프스키 평전이나 전기의 원전(原典)이 된다. 카는 이 책에서 유년기의 이런 환경이 도스토예프스키의 소설 스타일을 결정지었다고 분석한다.

"도스토예프스키의 작품 속에서는 지방 대지주인 투르게네프와 톨스토이, 시골의 방랑자 막심 고리키와 같은 스타일의 체취를 느낄 수 없다. 그의 몇 안 되는 전원의 풍경도 거칠게 묘사한 배경에 불과한 것이다. (중략) 작중 인물의 생활 및 존재 그 자체의 일부인, 눈 덮인 또는 눈 녹은 그리고 무덥게 습기 찬 도시의 가로(街路), 좁고 어두운 뒷골목의 집들, 먼지투성이의 뜰 등, 이와 대비되는 전원 풍경을 그의 작품 속에서는 찾을 수 없다."

형제, 작가를 꿈꾸다

1834년 도스토예프스키 형제는 모스크바에서 유명한 체르마크 기숙학교에 들어갔다. 정규학교는 이곳이 처음이었다. 체르마크 기숙학교는 유럽식 학제를 도입한, 귀족들과 상류층 자제들이 다니는 학교였다. 최상의 교육 환경이었지만 그는 이 시절에도 친구를 잘 사귀지 못

도스토예프스키의 형
미하일 도스토예프스키

하고 혼자 지내는 시간이 많았다. 대신 그는 책의 세계에 빠져들었다. 카람진, 푸슈킨, 고골 등을 읽었다. 아버지가 구독하던 문학 잡지를 통해 빅토르 위고, 발자크, 조르주 상드 등과 같은 프랑스 작가의 작품을 만나게 되었다. 그는 닥치는 대로 읽고 또 읽었다. 기숙학교 시절 형제의 꿈은 작가였다. 그는 형에게 말했다. "푸슈킨이 쓴 것 같은 글을 우리도 쓸 수 있을까?"

1837년 2월 말, 오랜 기간 병을 앓던 어머니가 세상을 떠난다. 어린 자식을 여섯이나 남겨놓은 채. 그의 나이 열여섯 살. 형제는 카람진의 시 〈묘비명〉에서 한 구절을 골라 어머니의 묘비명으로 썼다. "기쁨의 아침이 올 때까지, 사랑하는 육신이여, 고이 잠드소서."

어머니의 죽음은 예고되어 있었기에 형제는 크게 상심하지 않았다. 오히려 형제는 한 달 전 있었던 푸슈킨의 서거로 인해 더 충격을 받았다. 청소년들은 우상인 푸슈킨이 죽자 그를 애도하는 뜻으로 상복을 입고 다녔다. 형제 역시 상복을 입었다.

아버지가 두 아들을 육군공병학교에 보내려고 한 이유는 간단했다. 두 아들이 공병학교를 나와 장교 경력을 쌓은 뒤 러시아 제국의 관료가 되기를 아버지는 희망했다. 형제는 공병학교가 자신들의 적성과 맞지 않는다는 것을 알고 있었지만 아버지의 뜻을 거역할 수는 없었다. 그보다는 '푸슈킨의 도시'에 간다는 설렘으로 가슴이 두근거렸다. 형제는 페테르부르크에 도착하면 푸슈킨이 결투를 벌인 장소와 이틀 뒤 숨을 거둔 집을 가보자고 약속했다.

페테르부르크에 도착한 형제는 얼마 후 현직 공병 대위가 운영하는 기숙학교로 옮겼다. 이곳은 쉽게 말해 공병학교 입시 전문학원으로,

이 학교에 들어가면 사실상 합격은 보장되는 것이나 마찬가지였다. 그러나 형 미하일은 입학시험 전에 받은 신체검사에서 폐결핵이 발견되어 낙방한다. 1838년 1월, 도스토예프스키는 공병학교에 입학했고, 형 미하일은 4월에 현재 에스토니아 탈린 지방에 있는 항구도시 레벨의 공병하사관학교로 진학했다. 이후 미하일은 레벨에 살면서 동생과 편지를 주고받으며 왕래하게 된다. 흔히 두 사람의 관계를 반 고흐와 동생 테오의 관계에 비유하기도 한다.

공병학교 생활은 지루하기 짝이 없었다. 재미없는 학교생활에서 그나마 숨통을 트여준 것은 기초 인문교양 과정이었다. 러시아 어문학 수업, 프랑스 어문학 수업, 건축사 수업이 그의 흥미를 끌었다. 그는 호프만, 실러, 빅토르 위고, 셰익스피어, 라신, 괴테의 작품을 읽으며 위로를 받았다. 그는 하사관과 소위를 거쳐 1843년 공병학교를 졸업한 뒤 공병국에 취직한다.

도스토예프스키의 청소년 시절을 느낄 수 있는 공간인 육군공병학

도스토예프스키가 다녔던 육군공병학교. 현재는 러시아 미술관 별관으로 쓰인다.

교로 가보자. 지하철 4호선 고스트니 드보르 역에서 내려 예술의광장을 지나 러시아 미술관을 왼편에 두고 10여 분 걸으면 성채 같은 건물이 보인다. 육군공병학교는 성으로 건설된 건물이었다. 정문에는 러시아로 "너희 집을 성스러운 그리스도께서"라는 문장이 음각되어 있다. 정문에서 안을 들여다보았다. 전체적인 분위기가 권위적이고 위압적이다. 구조가 육군공병학교로 쓰기에 적당했다는 생각이 든다.

현재는 러시아 미술관 별관으로 쓰이는 옛 미하일로프스키 성. 반역 공포증에 시달린 파벨 1세는 암살을 피할 목적으로 성의 건설을 지시했다. 성이 완성된 1801년 여기서 살기 시작한 파벨 1세는 불과 40일 만에 암살되는 비극의 주인공이 된다. 성 정문에서 50미터 가량 떨어진 곳에 표트르 대제의 기마상이 서 있다. 조각상의 제작을 맡은 이는 이탈리아 건축가 겸 조각가 카를로 라스트렐리. 예카테리나 궁전을 설계한 사람이다.

"고골을 능가할 신인"

두 아들을 페테르부르크로 유학 보낸 뒤 아버지는 두 딸을 데리고 다로보에 영지로 들어갔다. 상처한 중년 남자는 시골에서 고독을 달랠 길이 없었다. 아버지는 억압된 성적 욕망을 딸에 대한 과도한 집착과 농노에 대한 무자비함으로 분출했다.

그러던 1839년 6월, 아버지가 피살된 채 발견된다. 당시 농노들이 포악한 주인을 살해하는 것은 드문 일이 아니었다. 아버지의 처참한 죽음은 자식들에게 충격이었다. 생전의 아버지는 자식들에게 1코페이카(1루블은 100코페이카)도 마음대로 쓰지 못하게 했다. 자식들이 명세서를 보내야만 학비와 생활비를 보내주던 아버지였다. 이런 상황에서 아버지가 급사했고, 자식들은 유산을 물려받게 된다. 유산은 큰누나의 남편 카레핀이 유언집행인이 되어 관리했고, 1844년까지 도스토예프스키에게 정기적으로 돈을 보내주었다. 1844년 초 도스토예프스키는 돈이 바닥난다. 결국 카레핀에게 남은 유산을 일시불로 받기로 하고 토지와 농노에 대한 상속권을 포기한다.

여기서 왜 그가 재정난에 직면했는지를 잠시 살펴볼 필요가 있다. 돈을 벌고 있었고, 정기적으로 유산 분할분을 지급받고 있었는데 말이다. 그는 경제관념이 전혀 없었다. 모스크바에서 소액환으로 돈이 오면 며칠이 지나지 않아 모두 써버렸다. 왜 그랬을까. 그는 도박을 좋아했고 씀씀이가 헤펐다. 방세는 연봉의 4분의 1이 넘었고 하인을 두고 살며 돈을 펑펑 썼다. 하인과 친구들이 모두 그의 돈으로 살았다. 발레와 오페라를 보기 위해 비싼 알렉산드리아 극장을 드나들었다. 이렇게 돈을 다 써버리고는 돈이 들어올 때까지 외상으로 식료품을 사거나 사채업자에게 고리대금으로 돈을 빌렸다. 그는 지출을 줄이겠다는 생각을 하지 못했다. 단지 자신의 수입이 적어서 생활이 곤궁하다고 생각했다.

1844년 10월, 지방으로 발령이 나자 도스토예프스키는 사표를 내고 제대한다. 그는 전업작가의 길을 선택해 곧바로 《가난한 사람들》 집필을 시작했고, 이듬해 5월에 작품이 발표되었다. 유명한 평론가 비사리온 벨린스키가 《가난한 사람들》에 깊은 감명을 받았다. 벨린스키는 자신을 찾아온 도스토예프스키에게 "자네가 쓴 것이 어떤 것인지 이해하고 있는가? 스무 살의 자네 나이로서는 도저히 알 수가 없을 텐데"라고 말했다. 도스토예프스키 인생에서 평생 잊지 못할 감격의 순간이었다. 30년이 지난 뒤에도 그는 "내 생애에 가장 황홀한 순간이었다"고 회고했다.

〈가난한 사람들〉을
집필한 집과 플라크

데뷔작 《가난한 사람들》을 쓴 집을 찾아가보
기로 한다. 블라디미르 대로 11번지 집. 네프스
키 대로변에 있는 지하철 4호선 마야코프스카야
역에서 내려 왼쪽으로, 번지수가 내려가는 쪽으
로 조금 걸어가면 블라디미르 대로가 나온다. 블라디미르 9번지를 지
났는데 11번지 집이 보이지 않았다. 혹시나 하는 마음에 작은 골목길
쪽으로 가보니 건물의 골목길 쪽 외벽에 플라크가 보였다.

"이 집에서 1842년부터 1845년까지 표도르 미하일로비치 도스토예
프스키가 살았고, 《가난한 사람들》을 썼다."

도스토예프스키는 1842년 초, 장교 신분으로 2층 전체를 빌렸다.
그가 이 집을 선택한 이유는 전직 우체국장이었던 집주인이 문학과 예
술에 대한 조예가 있어 세입자를 귀찮게 하지 않을 거라는 생각 때문
이었다. 그는 이 집에서 4년이나 살았다.

이 집은 중심가인 네프스키 대로에서 불과 5분 거리에 있다. 그가

앞으로 거쳐가게 되는 여러 집들 가운데 중심가에서 가장 가까운 곳이다. 이는 그가 돈에 쪼들리기는 했어도 여전히 씀씀이가 컸음을 의미한다.

집은 큰길과 골목길이 만나는 모서리에 있다. 대로 건너편에 연극 전용 극장 렌사베트가 보인다. 창문을 열면 정교회의 청동색 쿠폴이 눈에 들어온다. 블라디미르스카야 교회다. 교회 맞은편의 작은 광장에 도스토예프스키가 구부정한 자세로 앉아 있다. 소련이 해체된 이후인 1997년에 세워진 동상이다.

평론가 벨린스키는 《가난한 사람들》을 "러시아 최초의 사회소설"이라고 평가했다. 벨린스키가 남긴 유명한 말이 있다. "저 사람은 고골을 능가할 것이오. 지하실과 다락방을 사랑하는 이 젊은 작가에게 영광을 돌려야 합니다."

이 말을 들은 신인 작가의 기분은 어땠을까. 자신에게 "고골을 능가할 작가"라고 찬사를 보냈으니. 1837년 푸슈킨 사망 이후 러시아 대중

블라디미르스카야 교회와 도스토예프스키 동상 뒷모습

도스토예프스키 동상

의 공허한 마음속에 들어온 작가가 바로 니콜라이 고골이 아니던가. 고골의 《검찰관》, 《코》, 《외투》, 《광인일기》, 《네프스키 대로》 등은 1840년대 러시아 인의 필독서였다.

도스토예프스키는 1848년까지 놀라운 에너지로 작품을 토해냈다. 1847년 《아홉 통의 편지로 된 소설》과 《페테르부르크 연대기》를 발표했고, 《가난한 사람들》이 첫 번째 단행본으로 출간되었다. 1847년에 특기할 만한 일은 그가 7월 어느 날 센나야 광장에서 첫 번째 간질 발작을 일으켰다는 사실이다.

체포, 그리고 사형 선고

1848년은 도스토예프스키의 사상이 전환점을 맞는 해다. 소설가로 이름을 막 알리기 시작한 그는 사회주의 이론을 접하게 된다. 동갑인 페트라셰프스키를 처음 알게 된 것은 1846년 봄 네프스키 대로의 문학 카페에서였다. 페트라셰프스키는 외무성 관리로 사회주의 사상을 들여온 인물이다. 그는 실패로 끝난 데카브리스트 반란 이후 강화된 사회통제 정책에 강한 불만을 갖고 있었다. 문학 작품 외에는 어떤 비판적인 책도 출간될 수 없는 현실에 그는 분노했다.

페트라셰프스키는 빈민가인 콜롬나 지역에 살고 있었다. 도스토예프스키는 페트라셰프스키의 사상에 매료되었고, 그의 집에서 매주 금요일마다 열리는 금요회의 멤버가 되었다. 푸리에의 유토피아적 사회주의 사상, 생시몽의 그리스도적 사회주의와 공산주의에 관한 강연을 들었다. 엄격한 신분제 사회에서 평등한 사회의 실현을 강조하는 사회주의 이론은 작가에게 황홀할 따름이었다. 니콜라이 1세의 압제가 심화되면 될수록 젊은 층은 사회주의 유토피아 사상에 환호했다. 금요회는 처음에는 20여 명에 불과했으나 점차 회원이 늘어 40명에 이르렀다. 대학생, 교사, 음악가, 작가, 하급 공무원, 초급 장교 등이 금요회에 참여했다. 이들은 '잡계급 인텔리겐차'로 불렸다. 금요회는 차츰 러시아 현실에 대한 비판 쪽으로 옮겨갔고 왕정이 공화정으로 바뀌어야 한다는 주장을 하기에 이르렀다.

1848년은 혁명의 해였다. 1848년 2월 프랑스에서 혁명이 다시 일어나 왕정이 철폐되고 공화정이 실현되었다. 프랑스의 2월 혁명은 전제 정치에 신음하던 유럽 여러 나라에 영향을 끼쳤다. 오스트리아 빈에서는 민중 봉기가 일어나 구체제의 대명사인 메테르니히가 축출되었다. 혁명의 기운은 프라하까지 스며들어 보헤미안들은 반오스트리아 봉기를 일으켰지만 실패했다. 페트라셰프스키는 서유럽에서 불어오는 혁명의 바람에 가슴이 벅차올랐지만 니콜라이 1세는 그 기세에 두려움과 공포를 느끼고 있었다.

경찰은 금요회를 초창기부터 감찰하고 있었다. 금요회에 첩자를 심

도스토예프스키

어놓아 무슨 말이 오고갔는지를 계속 보고받았다. 금요회 멤버들은 자신들이 감시당하고 있다는 사실을 까마득히 모르고 있었다.

1849년 4월 15일, 도스토예프스키는 금요회에 참석해 고골에게 보내는 벨린스키의 편지를 읽었다. 벨린스키의 서한은 절대왕정을 지지하는 입장으로 바뀐 고골을 비난하는 내용이었다. 도스토예프스키가 벨린스키의 편지를 읽었다는 사실이 다음날 니콜라이 1세에게 보고되었다. 그렇게 일주일이 흘렀다.

4월 23일 새벽, 황제 직속 헌병들이 금요회 멤버들의 집에 들이닥쳤다. 도스토예프스키는 보즈네센스키 거리의 집에서 체포되었다. 금요회 회원 34명이 페트로파블로프스크 요새감옥에 수감되었다. 도스토예프스키는 독방에 갇혔고, 11월 13일 불온한 편지를 퍼뜨렸다는 죄목으로 사형이 선고되었다. 언제 집행될지 모르는 사형수가 된 것이다.

도스토예프스키가 체포된 집은 어디에 있을까. 페테르부르크의 랜드마크 가운데 하나인 이삭 대성당으로 길을 잡는다. 이삭 대성당에 이르는 대로가 보즈네센스키. 이삭 대성당을 왼쪽에 두고 아스토리아 호텔 옆길을 걸어가면 그 아파트가 나온다. 역시 모서리 집이다.

나는 이 아파트 외벽에 플라크가 붙어 있다고 책에서 읽었는데, 어쩐 일인지 플라크를 찾지 못했다. 그러나 플라크를 발견하지 못했다고 아쉬워 말자. 그 옆길인 말라야 모르스카야 17번지, 고골이 살던 아파트에 멋진 고골 얼굴이 새겨진 플라크가 있으니까 말이다. 뒤에서 만나게 될 차이코프스키도 말라야 모르스카야에서 살았다.

도스토예프스키는 1847년 2월, 이 집의 3층에 세를 얻었다. 3층 창문으로 이삭 대성당의 황금색 쿠폴이 가슴 가득 들어온다. 이 집에서 그는 《백야》를 완성했다. 그는 《백야》에서 이렇게 묘사한다.

"불면의 밤이 무한한 기쁨과 행복 속에서 찰나처럼 지나가고 새벽의 분홍빛 햇살이 온통 창문에 어른거릴 때, 우리 페테르부르크에서는 언제나 그렇듯 여명이 환상적인 아련한 빛으로 휑뎅그렁한 방을 비출 때, 우리의 몽상가가 지치고 기진맥진한 몸을 침대에 던지고는 병적으로 전율하는 영혼의 환희에 가슴이 두근거리고, 심장에 지겹도록 달콤한 고통을 느끼며 잠 속으로 빠져드는 것은 어째서일까요?"

도스토예프스키 연구가들은 그가 《백야》를 쓰면서 몽상의 세계와 현실의 세계가 하나가 되는 기이한 심리적 체험을 맛보게 된다고 말한다. 주인공인 '나'는 백야의 어느 날 우연히 노란색 모자에 멋스런 검은 망토를 두른 채 운하의 난간에 기대어 서 있던 나스첸카를 만나게 되고 그녀에게 편지를 쓰기 시작한다.

사형 집행 몇 분 전

도스토예프스키가 구금된 곳, 페트로파블로프스크 요새로 가보자. 러시아 고유명사에는 발음하기가 어려운 것이 많다. 페테르부르크의 여러 지명 중에서 특히 발음하기 힘든 것이 페트로파블로프스크. 베드로와 바울로의 러시아 식 발음이 페트로파블로! 그는 집에서 체포되어 여름정원 옆 헌병대에서 조사를 받은 뒤 곧바로 페트로파블로프스크 요새감옥에 수감되었다.

1703년 표트르 대제는 네바 강 건너편에 있는 토끼섬이라는 뜻이 사야치 섬에 페트로파블로프스크 사원을 건설하는 공사의 첫 삽을 떴다. 이 섬이 페테르부르크의 시원(始原)이다. 표트르 대제는 이곳을 수도의 중심지로 삼을 생각이었다. 이 사원의 둘레에 요새가 건설되면서 1718년 반체제 사범을 수용하는 감옥으로 바뀌게 된다.

요새감옥의 첫 번째 수감자는 표트르 대제의 아들 알렉세이. 아들은 아버지의 개방정책에 반대하는 슬라브주의자 편에 섰다. 아버지는 눈엣가시인 아들을 요새감옥에 가뒀다. 이후 데카브리스트들, 인민의 의지당원, 사회민주주의당, 헌법민주당, 나로드니크 운동 참여자, 국제사회혁명당, 사회주의혁명 테러조직당 당원 등 반체제 인사들이 요새감옥에 갇혔다. 이를 다시 사람으로 특정해 보면 알렉산드르 2세 암살범, 막심 고리키, 트로츠키, 레닌의 형 등이 있다.

페트로파블로프스크 요새로 가는 길은 지하철 2호선을 타는 게 가장 수월하다. 네프스키 대로 다음 역인 고르코프스카야 역에서 내려 출구를 나오면 녹색의 공원이 펼쳐진다. 공원을 가로지르면 요새로

페트로파블로프스크와
네바 강

통하는 작은 다리가 나오고, 이바노프 문과 페트로프 문을 차례로 통과하면 어느새 요새 안이다. 여기까지는 입장료가 없다. 여기서 사원, 요새 전망대, 옛 감옥, 박물관으로 방향이 갈린다. 사원 입장료는 220루블. 관광객의 다수는 사원으로 향한다. 그래서 사원 들어가는 줄은 언제나 길다. 사원은 로마노프 왕조를 포함한 황실 묘지다. 대개 사원 시하에 카타콤(초기 그리스도 교도의 지하 묘지) 형태로 만들지만 이곳은 1층에 석관을 안치했다. 사원 복도에 에메랄드 빛이 쏟아져 들어온다. 사람들은 대부분 개혁군주 표트르 대제의 석관 앞에서 가장 오래 머무른다.

페트로파블로프스크 사원

옛 바스티옹 감옥 박물관 입장료는 150루블. 입장권을 내고 감옥에 들어가면 미결수 의복과 기결수 의복, 족쇄가 전시되어 있다. 독방은 생각보다 넓었다. 우리나라 교도소의 독방보다 2배 정도는 넓어 보였다. 작은 나무 책상과 의자, 작은 침대, 그리고 변기통이 전부였다. 2미터 50센티미터 정도 높이에 쇠창틀이 끼워져 있는 창문이 달려 있다. 아쉽게도 도스토예프스키가 수감되어 있던 방을 발견하지는 못했다. 박물관 직원에게 확인했더니 최초의 감옥은 목조로 지어졌는데, 도스토예프스키는 바로 이 목조 감옥에 수감되었다고 한다. 바스티옹 감옥은 1870년대부터 1917년 10월 혁명 이후 소비에트 정부 수립까지

바스티옹 요새감옥의
내부

사용되었다.

　1849년 12월 22일 오전 7시. 기온은 영하 21도였고 사위는 칠흑처럼 캄캄했다. 도스토예프스키를 비롯한 사형수들은 족쇄가 채워진 채 감방에서 끌려나왔다. 사형수들을 태운 호송마차는 총살형이 집행될 세묘노프 기병연대 연병장으로 향했다. 호송마차가 네바 강을 건너 중심가를 지나 연병장에 도착한 시각은 8시 40분쯤. 사위는 이미 훤해져 있었다. 사형수들이 도착했을 때 연병장 마당에는 경찰과 헌병이 도열한 가운데 사형수를 묶는 버팀목 기둥 3개가 세워져 있었다. 예정된 집행 시각은 오전 9시. 맨 앞줄의 사형수 세 사람이 눈밭 위로 질질 끌려가 나무 기둥에 묶였다. 형 집행은 한 번에 세 명씩. 이어 머리에 하얀색 두건이 씌워졌다. 정교회 신부가 사형수 앞으로 다가갔다. 사형수 3인은 신부에게 마지막 참회를 했다. 이제 모든 마지막 의식이 끝났다.

　사수들은 거총을 했고, 총구는 사형수들의 심장을 겨눴다. 이제 발사 신호만 떨어지면 총구에서 불이 뿜어져 나올 것이다. 도스토예프스키는 숨을 죽인 채 이 광경을 지켜보았다. 죽음은 불과 몇 발자국 앞까지 다가왔다. 이때 연병장 안으로 말을 탄 헌병이 달려왔다. 헌병은 품안에 니콜라이 1세 황제의 감형장(減刑帳)을 꺼내들었다. 헌병은 형 집행 중지 명령문을 낭독했다. 코앞에 다가왔던 죽음의 그림자가 쏜살같이 뒷걸음질쳤다. 사색이었던 죄수들의 얼굴에 화색이 돌았다. 그들은 영문도 모른 채 호송마차에 태워졌고, 감옥으로 되돌아갔다.

세묘노프 연병장에서의
사형 집행 장면 그림

이때 사형이 집행되었다면, 내가 이 글을 쓸 일이 없었을 것이다. 나는 이 순간을 인류 역사상 가장 결정적인 순간 중 하나라고 생각한다. 사형 집행 불과 몇 분 전에 목숨을 건진 작가는 없다. 그런 까닭에 예정된 죽음이 초침처럼 째깍째깍 다가오는 그 순간의 느낌을 짐작하기란 거의 불가능하다. 그런데 도스토예프스키에게는 천운(天運)이 주어졌다. 위대한 천재 작가를 위해 예비된 시련이었을까. 훗날 그는 형 미하일에게 쓴 편지에서 그 절체절명의 순간을 이렇게 썼다.

"이제 내게는 몇 분밖에 살 시간이 남지 않았어. 마지막에는 형과 형의 가족을 떠올렸어. 마지막에는 형 한 명만이 내 가슴 속에 남게 되더군. 그때 비로소 내가 형을 얼마나 사랑하는지 깨달았어."

그는 이 절박한 체험을 《백치》에서 재현시켰다. 《백치》에서 뮈시킨 공작은 바로 도스토예프스키의 목소리였다.

사형 집행상 현상을 가보자. 그곳은 지하철 1호선 푸슈킨 역에서

사형 집행장인 세묘노프 기병대 연병장. 오른쪽에 그리보예도프의 동상이 보인다.

가깝다. 푸슈킨의 이름을 붙인 역사답게 승강장 한쪽에 푸슈킨 동상이 서 있다. 승강장은 미술관 현관처럼 화려하다. 역사를 빠져나오면 자고로드니 대로가 나타난다. 왼편은 기차역 비제프스키 역. 이 대로에서 오른쪽으로 조금 걸으면 광장이 보인다. 광장 입구에 어떤 인물의 동상이 보인다. 러시아 어로 씌어진 이름을 더듬더듬 읽었다. 그리보예도프. 러시아가 자랑하는 극작가이다. 이 극작가는 훗날 운하에 자신의 이름을 빌려주게 된다. 세묘노프 기병대 연병장에는 현재 청소년 문화극장이 들어서 있다. 청소년 문화극장은 우리에게 낯설다. 청소년용 작품만이 무대에 올려지는 공간이다. 극장 앞 잔디밭은 여름철마다 러시아 공원에서 흔히 볼 수 있는 평화로운 광경이 펼쳐진다. 중요 부분만 살짝 가린 선탠족이다.

사흘 뒤인 1849년 성탄절 자정, 도스토예프스키는 다른 사형수들과 함께 족쇄에 매달린 채 또다시 감방에서 끌려나왔다. 그는 말 두 필이 끄는 썰매마차에 힘겹게 올라탔다. 썰매마차는 눈 덮인 도시를 벗어났다. 페테르부르크는 크리스마스를 전후해 1월 초까지가 가장 춥다. 우리나라로 치면 대한(大寒) 추위에 해당한다. 그날 새벽의 체감온도에 대한 기록은 없지만 페테르부르크는 강바람이 세니 체감온도는 아마 영하 30도 이하로 떨어졌을 것이다. 그런 강추위 속에서 그는 시베리아 유형을 떠났다.

썰매마차는 노브고로드에서 동쪽으로 눈 덮인 황량한 들판을 내달렸다. 야로슬라블리를 거쳐 18일 만에 우랄 산맥 너머 서(西)시베리아의 토볼스크에 도착했다. 토볼스크에서 잠시 휴식을 취하면서 그는 오래전에 이곳으로 유형 온 데카브리스트 당원들과 그들의 부인들을 잠깐 만나게 된다. 그는 어떤 부인으로부터 신약성경을 받았다. 그리고 다시 토볼스크를 떠나 옴스크에 있는 유형수 부대에 당도했다.

위쪽 옴스크 시절의 합숙소
아래쪽 시베리아 유형 시절의 족쇄

시베리아 유형은, 결과적으로 작가 도스토예프스키를 대문호의 반열로 올려놓는 시금석이 된다. 사형 집행 직전에 목숨을 건지고 이어 시베리아 유형에서 살아남은 일이 그의 정신세계를 심화시켜 천재성을 극대화하는 결정적 계기가 되었다는 것이 연구자들의 결론이다.

세계 지도에서 러시아 연방을 살펴보자. 우랄 산맥 동쪽, 서시베리아 평원 남쪽에 있는 도시가 옴스크이다. 카자흐스탄 북쪽 국경에서 가깝다. 옴스크에서 페테르부르크를 바라보면, 지도상으로도 그저 아득하기만 하다. 족쇄를 매단 채 썰매마차에 실려 우크라이나 평원을 거쳐 우랄 산맥을 넘어 시베리아로 가는 도스토예프스키를 떠올려본다. 그는 영하 40도의 혹독한 추위 속에서 우랄 산맥을 넘었다. 심장이 얼어붙는 것 같은 고통을 참고 또 참았을 것이다.

시베리아는 9월에 서리가 내리고 10월에 첫눈이 내린다. 시베리아의 겨울은 10월에 시작된다. 시베리아 유형은 현실 세계의 지옥. 도스토예프스키는 2급 유형수였다. 그의 발에는 여전히 족쇄가 채워져 있었다. 죄수 합숙소에 난방시설이 제대로 되어 있었겠는가. 겨우 얼어 죽지 않을 정도였고, 먹는 것 역시 굶어죽지 않을 정도였다. 이런 극한의 조건에서 죄수들은 적나라한 인간성을 드러냈다. 유형수 시절 그는 형에게 보낸 편지에서 이렇게 썼다.

"나는 결코 죽지 않을 거야. 새로운 모습으로 다시 태어나겠지."

시베리아에서 형기를 마친 후 준사관으로 근무한 도스토예프스키

유형수 부대 시절 그가 읽은 소설은 두 권. 러시아 어로 번역된 찰스 디킨스의 《피크위크 페이퍼스》와 《데이비드 카퍼필드》였다.

4년의 형기를 무사히 마치면 2급 유형수들은 사병으로 복무해야만 했다. 비로소 두 발에 채워진 족쇄가 풀렸다. 족쇄가 풀렸다는 사실만으로도 그는 이루 말할 수 없는 자유와 해방감을 만끽했다. 그는 옴스크를 떠나 키르키즈 평원에 있는 작은 도시 세미팔라틴스크로 갔다. 이곳은 현재 카자흐스탄 북부 도시로, 당시에는 중국 국경과 400여 킬로미터 떨어진 곳이었다.

사병으로 근무하던 1856년 그는 준사관으로 승진했고, 신임 행정관의 소개로 과부인 마리야 드미트리에브

나 이사예바를 만나게 된다. 그는 이듬해 쿠즈네츠크에서 드미트리에 브나와 결혼했다. 드미트리예브나는 남편과 사별하고 아들이 하나 있었다.

1859년 12월 말, 도스토예프스키는 페테르부르크로 돌아왔다. 10년 만의 귀환이었다. 10년 전 이곳을 떠날 때는 양발에 족쇄가 달린 부자유의 몸이었지만 이제는 가족이 달린 자유의 몸이었다.

페테르부르크와 친구들은 그대로였지만 그는 더 이상 과거의 그가 아니었다. 그는 시베리아에서 새롭게 태어난 사람이었다. 그의 친구들 중에 그가 과거의 그가 아니라는 사실을 알아차린 사람은 거의 없었다. 그는 방 세 칸짜리 집에서 아내와 함께 가정의 안락함과 행복을 맛보았다.

1860년 도스토예프스키는 이곳에서 《죽음의 집의 기록》과 《상처받은 사람들》을 쓰기 시작했다. 《죽음의 집의 기록》은 옴스크 유형수 부대에서 겪은 4년을 기록한 일종의 자전소설이다. 여기서 러시아 문학 연구가 이덕형 성균관대 교수의 해석을 들어보자.

"도스토예프스키는 단테가 지옥과 연옥과 천국을 묘사하기 위해 제일 먼저 죽은 자의 세계로 여행을 시작하던 것과 마찬가지로 시베리아의 유형지에 있는 지옥의 문으로 들어섰다. 러시아 악의 꽃들이 피어 있는 어둠과 영원한 저주의 세계. 도스토예프스키는 인간성이 부재하는 이 절멸의 고도에서 때로는 죄수들과 같이 절망하고, 이러한 절망조차 희망이 될 수 없는 인간성의 나라 속에서 그것이 '세계의 법칙'이라는 사실도 깨닫기 시작한다."(《도스토예프스키, 판타스마고리아, 상트 페테르부르크》)

인류 역사상 어느 작가가 시베리아 유형 같은 지옥의 나날들을 체험할 수 있을까. 20세기 인물 중에 솔제니친이 떠오른다. 하지만 그는 사형선고를 받지는 않았다. 푸슈킨이 황제의 미움을 사 유배를 떠났다고 하지만 그것은 낯선 곳으로 긴 여행을 떠난 것에 지나지 않았다. 다산 정약용이 전남 강진으로 유배를 갔지만 그곳 역시 한적한 시골 마을이었다. 푸슈킨이나 정약용에게 주어진 유배지의 조건은 권력과 문화의 중심에서 소외되었다는 것 이상은 아니었다. 유배지의 환경이 생존의 조건 자체를 위협하는 것은 아니었다는 말이다. 인간성을 상실한 죄수들의 틈바구니 속에서 인간 도스토예프스키는 생존을 위한 투쟁을 벌여야 했다. 그와 동시에 작가 도스토예프스키는 인간성의 내면에 자리한 선악의 심층심리를 마음속으로 기록해 나갔다. 당연한 이야기지만 《죽음의 집의 기록》에는 호평이 이어졌다. 시베리아 유형에 대한 기존의 관념적인 소설과는 차원이 달랐다. 평론가들과 독자들은 놀라운 심리 묘사에 감전되었다.

도스토예프스키는 1861년 9월, 말라야 메샨스카야 거리 1번지 집으로 이사한다. 이 길은 현재는 카즈나체이스카야 거리로 바뀌었다. 이 집은 원래 형 미하일이 살면서 1861년 1월 《시대》지를 창간해 동생의 작품을 편집하던 곳이었다. 그는 이 집의 2층을 세내어 1863년 8월까지 살았다. 이 집에 살면서 작가로서 명성을 얻었고, 처음으로 러시아를 벗어나 유럽 여행을 하게 된다.

1862년 6월 7일 아침, 도스토예프스키는 비제프스키 역에서 베를린행 기차를 탔다. 페테르부르크와 베를린을 잇는 철로는 그가 시베리아에 있을 때 개통되었다. 페테르부르크에서 베를린까지 가는 데는 장장 46시간이 걸렸다. 그가 2개월 동안 거쳐간 도시는 베를린, 비스바덴, 바덴바덴, 파리, 런던, 제네바, 피렌체, 밀라노, 빈 등이었다. 런던에서 8일간 머물며 러시아 망명객인 바쿠닌과 게르첸을 만나기도 했다. 그는 유럽 여행에서 무엇을 보았을까. 지옥을 경험하고 돌아온 작가의 눈에 비친 유럽은 어떤 모습이었을까.

카즈나체이스카야 거리는 도스토예프스키 문학에서 매우 중요한 공간이다. 그 뒤로 그는 같은 거리의 7번지와 9번지 집에서 각각 살게 된다. 카즈나체이스카야 거리로 가보자.

5호선 사도바야 역에서 내려 '그리보예도프 운하 선착장' 방향으로 나간다. 사람들이 많이 가는 쪽으로 나가면 그리보예도프 운하가 나오고, 그 위에 앙증맞은 다리가 걸쳐 있는 게 보인다. 센노이 다리다. 다리는 두 사람이 교차하면 딱 맞을 만큼 좁다. 센노이 다리를 건너면 10시 방향으로 고골 호텔이 있다.

도스토예프스키는 1864년 발표한 《지하로부터의 수기》에서 이 공간을 이렇게 묘사한다.

"나는 사람들이 가장 붐비는 상가를 따라 유수포프 정원 옆에 있는 메샨스키와 사도바야 거리를 따라서 정처없이 거닐었다. 나는 땅거미

센노이 다리

가 질 무렵 이 거리들을 따라 걷는 것을 특히 좋아했다. 사람들이 점점 불어날 때였고 모든 종류의 날품팔이 공장 노동자들이 증오에 가까운 걱정스런 표정으로 하루 일과를 마치고 각자 집으로 돌아가는 시간이었다. 내가 좋아했던 것은 바로 이 싸구려 소란과 뻔뻔스러운 단조로움이었다."

도스토예프스키의 여인들

1863년 8월 4일 도스토예프스키는 두 번째 유럽 여행을 떠난다. 이 유럽 여행은 오래 전부터 계획한 밀월여행이었다. 마흔둘의 남자는 스물네 살의 작가 지망생 수슬로바에게 빠져 있었다. 그는 2개월 전에 먼저 파리로 간 수슬로바를 만나기 위해 여행 스케줄을 잡았다.

여기서 궁금해진다. 그럼 아내 마리야 드미트리예브나와의 관계는? 잠깐 드미트리예브나에 대해 설명할 필요가 있다. 상식적으로 이해하기 어려운 부분은, 그가 시베리아 군복무 시절 아들이 딸린 과부 드미트리예브나와 결혼했다는 사실이다. 게다가 그녀는 배운 여성이 아니었다. 물론 당시 시베리아 오지에 교육기관이 있을 리도 없었지만 말이다. 그런데도 그녀를 아내로 맞았다. 의붓아들까지 책임지겠다고 약속하면서. 남아 있는 흑백사진을 보면 그녀는 고혹적인 미모의 소유자였다. 애수를 머금은 눈빛은 뇌쇄적이다.

첫 번째 부인 마리야
드미트리예브나

아내는 페테르부르크에 온 지 얼마 지나지 않아 폐결핵이 발병했다. 폐결핵은 페테르부르크의 습한 추위로 점점 악화되어 갔다. 게다가 아내는 죽은 남편의 친구를 잊지 못하고 있었다. 점점 아내와의 관계가 벌어졌다. 이 틈으로 작가 지망생 수슬로바가 비집고 들어왔다. 수슬로바는 유럽식 교육을 접한 신여성에 속했다. 그녀가 문예지 《시대》에 단편소설을 투고했고, 이것이 계기가 되어 두 사람이 만나게 되었다. 수슬로바가 먼저 그에게 편지를 보내면서 두 사람은 사랑에 빠지게 된다. 두 사람은 서유럽에서 다른 사람의 시선을 의식하지 않고 밀회를 즐기기로 약속했다.

애인이었던 작가 지망생 수슬로바

도스토예프스키는 베를린, 드레스덴, 비스바덴을 거쳐 8월 중순 파리에 도착했다. 그는 비스바덴의 도박장에서 나흘간 룰렛을 해 5,000프랑을 따기도 했다. 그는, 파리에 오지 말라는 수슬로바의 편지를 받지 못한 채 파리로 향했다. 그 사이 수슬로바는 스페인 출신 의대생 살바도르를 만나 짧은 사랑을 나눈 후 배신을 당한 상태였다. 수슬로바는 도스토예프스키에게 모든 걸 고백했고 두 사람은 예정대로 유럽 여행을 시작한다. 바덴바덴, 제노바, 로마, 나폴리를 지나는 여행이었다. 그러나 그는 바덴바덴에서 도박으로 수중에 있던 돈을 거의 다 날리게 된다. 두 사람은 이후 어떻게 여행을 했을까? 두 사람은 소지품을 전당포에 잡히거나 형 미하일과 친지, 친구들에게 편지를 보내 송금받은 돈으로 간신히 여행을 이어나갔다. 궁핍은 사랑의 열기마저 식게 만든다. 곧 두 사람의 관계는 틀어져 여행은 2개월만에 끝나고 만다. 수슬로바는 혼자 파리로 돌아갔다.

도스토예프스키가 페테르부르크로 돌아온 때가 10월 21일. 그는 작가였다. 작가에게 이 세상에 쓸 데 없는 체험이란 하나도 없다 그는 도박으로 돈을 날린 경험을 1866년 장편소설 《노름꾼》으로 풀어낸다.

《노름꾼》은 바로 그 자신의 이야기다.

집으로 돌아왔을 때 그를 기다리고 있는 것은 냉엄한 현실이었다. 아내의 폐결핵은 가망이 없었고, 의붓아들은 대책 없이 돈을 써대고 있었다. 그는 지병인 간질이 다시 발작했고 치질이 생겨 앉아 있기조차 힘들었다. 이런 암담한 현실에서 겨울밤을 지새며 그는 《지하로부터의 수기》를 쓰기 시작했다. 그의 집필 스타일은 밤새 글을 쓰고 오전 내내 잠을 자는 것이었다. 제목에서 짐작할 수 있는 것처럼 이 소설의 주인공은 지하실의 인간 군상이다. 지하실의 인간이란, 페테르부르크에서 소외되고 모욕당하고 학대받는 사람들이다. 자신을 둘러싼 현실이 암담했기 때문일까?

"이것은 우울한 이야기다. 아주 빈번히, 눈에 띄지 않게, 거의 비밀스럽게 페테르부르크의 무거운 하늘 아래서, 거대한 도시의 어둡고 감추어진 골목길에서, 어지럽게 소용돌이치는 삶, 둔중한 이기주의, 서로 충돌하는 이해관계, 음울한 방종, 비밀스런 범죄의 한가운데서 벌어지는 음울하고 괴로운 이야기 중의 하나인 것이다."(《지하로부터의 수기》)

《죄와 벌》이 탄생한 집

1864년은 비운의 연속이었다. 폐결핵을 앓던 아내가 4월에 모스크바에서 눈을 감았고, 7월에는 자신의 분신과도 같았던 형 미하일이 숨을 거뒀다. 빚은 점점 더 늘어만 갔다. 죽은 부인이 데려온 의붓아들을 돌봐야 했고, 형의 유가족을 책임져야 했다. 그는 형이 운영하던 잡지 《시대》가 지고 있던 부채까지 떠안았다.

도스토예프스키는 부인이 사망한 직후 말라야 카즈나체이스카야 거리 9번지 집에서 7번지로 이사했다. 7번지 아파트의 모서리 집을 빌렸다. 빚이 늘어난 만큼 공간을 줄여야 했고, 심리적으로도 공간 이동이 필요했다. 그는 7번지 집에서 1867년까지 살면서 《죄와 벌》을 쓰게 된다. 7번지 집은 도스토예프스키 문학에서 매우 중요한 공간이다. 지금까지 수많은 도스토예프스키 연구자들과 작가들이 《죄와 벌》의 현장을 답사하면서 이 7번지 집을 찾아왔다.

나는 이 거리를 다섯 번 찾아갔다. 이 거리를 처음 가봤을 때 나는 무척 난감했다. 분명 7번지 집은 찾았는데, 플라크가 보이지 않았다. 그래서 1번지 집도 가보고, 다시 9번지 집까지 가보았지만 역시 플라크가 없었다. 세 번째로 갔을 때 우연히 창턱에 놓여 있는 시든 장미꽃 두 송이가 눈에 들어왔다. 순간 혹시 하며 그 위를 쳐다보니, 그곳에 플라크가 있었다. 7번지의 플라크는 창틀 속에 붙여놓아 눈에 잘 띄지 않았던 것이다.

《죄와 벌》을 쓴 7번지 아파트의 모서리 집과 플라크

"이 집에서 1864년부터 1867년까지 표도르 미하일로비치 도스토예프스키가 살았고, 여기서 《죄와 벌》을 썼다."

도스토예프스키는 글이 써지지 않거나 머리를 식히고 싶을 때 그리보예도프 운하 제방길로 산책을 나가곤 했다. 《죄와 벌》을 기억하는 독자들은 고개를 갸웃거릴 수도 있겠다. 《죄와 벌》에는 그리보예도프 운하가 아닌 예카테리나 운하가 나오기 때문이다. 그리보예도프 운하는 예카테리나 2세 때 센나야 광장에서 짐을 실어나르기 위해 건설되었다. 당연히 운하를 예카테리나 운하로 명명했다. 볼셰비키 혁명 이후인 1923년 희곡 작가 그리보예도프의 이름을 따 그리보예도프 운하로 개명되었다.

도스토예프스키는 운하를 내려다보며 무슨 생각을 했을까. 또 운하는 어떤 색채와 이미지로 그에게 각인되었을까. 그는 《죄와 벌》에서 라스콜리니코프의 입을 빌려 이렇게 묘사한다.

백야의 그리보예도프
운하와 센노이 다리

"그는 물 위로 고개를 숙이고 스러지는 장밋빛의 저녁놀과 짙어가는 어스름 속에서 거뭇하게 보이는 집들, 강의 왼편에 있는 집의 다락방 어디에선가 잠깐 비친 마지막 햇살을 받아 불길에 휩싸인 듯 빛나는 아득한 창, 운하의 어두운 물결들을 멍하니 바라보았다."

나는 페테르부르크로 가면서 일부러 이 운하에 면한 고골 호텔을 숙박지로 선택했다. 아침 점심 저녁으로 이 운하 제방길과 코쿠쉬킨, 센노이 다리를 족히 수십 번은 걸었다. 그러면서 도스토예프스키가 그랬던 것처럼 운하의 물빛과 물살과 수중식물을 관찰했다. 물살은 생각보다 빨랐다. 물빛은 아메리카노 커피 빛깔 같은 적갈색. 낙엽이 썩으면서 생긴 물빛 같았다. 그 속에서 무언가 흔들거렸다. 1.5미터는 되어 보이는 수초들이었다. 초콜릿 색이 나는 수초들은 물살의 흐름에 제 몸을 맡기고 있었다. 적갈색 물빛 속에서 수초 사이로 하얀 것이 번쩍였다. 손바닥만 한 물고기였다.

여름철 퇴근 시간이 지나면 사람들은 맥주를 사들고 운하를 따라 어슬렁거린다. 사람들은 철제 난간을 고정시키는 돌기둥을 테이블 삼아 맥주를 마신다. 맥주를 마시기에는 그리보예도프 운하가 제격이다. 모이카 강이나 폰탄카 강은 강폭이 너무 넓어 운치가 떨어진다. 사람들은 난간에 기대어 술을 마시면서 흘러가는 운하를 내려다본다. 강물도 그냥 흐르지 않는다. 수면에 제방의 풍경이 고스란히 반영된다. 도스토예프스키는 머리가 복잡하거나 글이 써지지 않을 때 이들처럼 운하 난간에 기대어 머리를 식혔다. 이곳에는 아침이 되면 돌기둥 위나 아래에 맥주병이나 캔이 하나둘씩 놓여 있다. 지난 밤의 낭만과 번민의 흔적들이다.

한국인이 '백야'라는 특이한 자연현상을 처음 접한 것은 영화 〈백야〉를 통해서였다. 소련에서 망명한 발레리노 미하일 바리시니코프가 주연한 영화이다. 소련이 자유화되기 이전인 1985년 개봉한 이 영화를 보며 우리는 한반도에서는 결코 경험할 수 없는 '백야'에 대해 탄성을 질렀다.

밤 11시. 시간으로 보면 밤인데, 밖은 환하다. 마치 대낮 같다. 낮이 저물지 않고 희끄무레하게 있다가 다시 낮으로 태어난다. 백야의 한 가운데 있으면 현실이 몽환적으로 바뀐다. 몽환적인 상태에서 그리보예도프 운하를 다시 바라다본다. 운하의 수면도 몽환적이다. 일상을 있는 그대로 반영하는 경우가 드물다. 운하는 모든 일상을 시시각각 굴절시킨다.

《죄와 벌》 속 다락방의 지식인 라스콜리니코프. 그는 전당포 노파를 살해하려 그라쥐단스카야 골목길 19번지 하숙집을 나와 제방길을 걸었다. 그리보예도프 운하길 104번지에 있는 노파의 집을 향해 걸으면서 그는 전당포를 되뇌었다.

백야의 네바 강

전당포, 전당포……. 수슬로바와 유럽 밀월여행을 할 때 도스토예프스키는 뻔질나게 전당포를 드나들었다. 도박으로 돈을 날리고 당장 끼니 걱정을 해야 했다. 돈이 될 만한 것을 들고 전당포를 찾곤 했다. 굶주림에서 벗어나기 위해 전당포를 찾았을 때 그가 느꼈을 비참함이란! 그런데 흥미로운 사실은 절박한 순간에 만난 인색한 고리대금업자에게서 《죄와 벌》의 모티브를 얻었다는 것이다. 궁핍이 극에 이르렀을 때 라스콜리니코프 같은 인간형을 생각해 낸 것이다. 비스바덴에서 그는 '한 범죄의 심리학적 보고서'라는 제목으로 《죄와 벌》의 앞부분을 쓰기 시작했다.

전당포 앞에 선 작가를 생각하다가 모차르트가 오버랩되었다. 모차르트 역시 돈을 빌려달라는 비굴한 편지를 쓰던 궁벽한 시기에 최후의 교향곡 39번, 40번, 41번을 쓰지 않았던가.

도박 중독증과 빚독촉

도스토예프스키의 문학과 인생은 '돈'을 떼어놓고는 이해가 불가능하다. 사람은 태어나면서 죽는 순간까지 돈이 필요하지만 살면서 빚쟁이에 쫓겨 야반도주하는 인생은 그리 많지 않다. 더욱이 그 사람이 이미 작가로서 이름을 얻은 유명인이라면 말할 필요도 없다. 도스토예프스키는 돈을 가리켜 "주조된 자유"라고 정의했다. 실제로 《죄와 벌》을 읽다 보면 한 페이지에 최소한 한 번은 돈 이야기가 나온다.

러시아 문학자 석영중은 '돈'이라는 코드를 통해 도스토예프스키의 문학 세계를 재해석했다. 석영중은 2008년 《도스토예프스키, 돈을 위해 펜을 들다》라는 책에서, 도스토예프스키가 돈에 목을 매게 된 원인은 낭비벽, 결단력 부족, 도박 중독이라고 썼다. 그의 도박 중독이 얼마나 심각한가를 보여주는 단적인 사례가 있다. 밤새 도박을 하고 들어온 그가 수중에 7루이밖에 없는 부인에게 5루이를 빌려달라고 떼를 써 결국 그 돈을 가지고 다시 도박장으로 줄달음질했다. 물론 그때마다 이번이 마지막이다, 다시는 도박장에 가지 않겠다는 맹세를 했지만 말이다. 두 번째 부인 안나는 남편이 도박하는 모습을 이렇게 묘사했다. "쳐다보기가 무서울 정도로 뻘건 눈에 뻘건 얼굴을 하고 있었는데 꼭 술주정뱅이 같았다."

도스토예프스키는 출판사 사장에게 인세 선불을 요구했다. 당장 여기저기 돈 들어갈 곳은 많은데 돈이 없으니 인세를 미리 당겨서 썼다. 사람이란 돈이 생기면 손을 대게 마련이다. 출판사 사장 입장에서 보면 인세를 미리 받아가 놓고 원고를 넘기지 않으니 미칠 노릇이었다.

1865년 7월, 도스토예프스키는 야반도주를 결행한다. 사방에서 채권자들의 빚 독촉이 심해지자 출판업자에게 소설 판권을 도매금으로 넘기고 단돈 174루블만을 가지고 도망쳤다. 그런데 비스바덴에 가서 도박으로 가진 돈을 다 날려 완전히 빈털터리 신세가 된다. 전당포를 드나들었고 호텔 숙박비를 내지 못해 멸시를 당하며 밥 굶기를 밥 먹듯 했다. 작가인 투르게네프에게 울며불며 사정하는 편지를 써서 송금을 받기도 했다. 이런 와중에 그는 《죄와 벌》을 구상했다.

도스토예프스키가 도박을 그만둔 것은 말년에 이르러서였다. 도박 중독을 끊게 된 배경은 뭘까? 1872년 독일은 영토 내에서 모든 도박장에 폐쇄 조치를 내리면서 도박장 경영자들을 해외로 추방했다. 프랑스 역시 도박장 경영자들의 입국을 불허했다. 도박장 경영자들을 환영한 곳은 지중해에 위치한 모나코 왕국뿐이었다.

도스토예프스키는 페테르부르크로 돌아온 직후부터 《죄와 벌》을 쓰기 시작해 1866년 1월부터 12월까지 잡지 《러시아 통보》에 연재했다. 《죄와 벌》의 주요 무대는 센나야 광장이다. 센나야 광장은 도스토예프스키 인생에서 떼려야 뗄 수 없는 삶의 일부분이었다. 이 광장은 《죄와 벌》 외에 그의 다른 작품에도 자주 등장한다.

센나야 광장은 '건초 광장'이라는 의미. 18세기 초 페테르부르크가 건설될 때 광장 주변에 농산물, 건초, 땔감 등을 거래하는 시장이 형성되었다. 1861년 농노 해방과 함께 상경한 농민들은 주로 센나야 광장 주변의 지하방과 다락방에서 지내며 막노동 등으로 생계를 꾸렸다. 광장 뒤편 골목길에는 이들을 상대로 하는 선술집과 사창가가 들어섰다.

《죄와 벌》의 주인공 라스콜니코프의 눈에 비친 센나야 광장과 그 주변은 가난뱅이와 타락한 인간들이 모여 사는, 온갖 악취가 진동하는 장소다. 《죄와 벌》에서 센나야 광장은 소설의 시작과 끝에 배경화면으로 등장한다. 소설의 한 장면을 보자.

《죄와 벌》의 원고와 스케치 일부

"그가 센나야 광장을 지나가게 된 시간은 아홉 시경이었다. 노점상의 좌판과 판자들, 간이 상점들에서 물건을 벌여놓고 있던 상인들은 모두 설치물을 거두거나 물건을 정리해서 손님들과 마찬가지로 각자 집으로 돌아가고 있었다. 지하층에 있는 싸구려 음식점과 센나야 광장의 더럽고 악취 나는 마당, 그리고 무엇보다도 선술집 근처에는 여러 부류의 노동자들과 누더기 차림의 사람들이 우글대고 있었다. 라스콜니코프는 목적도 없이 거리에 나올 때면, 특히 이 거리와 이 근처 골목들을 쏘다니기를 좋아했다. (중략) K골목의 한 모퉁이에서는 어떤 상인과 그의 아내가 두 개의 판매대 위에서 실, 끈, 옥양목 머릿

1800년대의 센나야 광장

오늘날의 센나야 광장

수건 따위를 팔고 있었다. 이들 역시 집으로 갈 준비를 하고 있었지만, 지나다 들른 아는 여인과 이야기를 하느라 지체하고 있었다."

라스콜리니코프는 우연히 이 여인의 이복언니가 전당포 여주인이라는 사실을 듣고 전당포 여주인을 죽이겠다는 결심을 하게 된다. 라스콜리니코프가 전당포 노파를 찾아가 도끼로 살해한 데에는 거리에 진동하는 악취가 심리적인 영향을 미친다. 한 여름의 악취와 음습은 곧 어둠과 악으로 발전한다. 그에게 전당포 노파는 "비천하고 더러운 해충이며 모두에게 해로운 늙은 고리대금업자로 가난한 사람들에게 붙어먹고 사는 흡혈귀"에 불과하다. 그는 냄새가 인간의 기억과 욕망에 지배하는 힘을 정확하게 이해한 사림이다. 나락방의 지식인 라스콜리니코프는 자기 논리에 함몰되어 살인을 합리화한다. 살인자에게 구원의 손길을 내민 이는 몸을 파는 소녀였다. 라스콜리니코프는 소녀에게 살인 사실을 이렇게 고백한다.

"나는 나폴레옹이 되고 싶어요. 내가 그녀를 죽인 것은 그 때문이에요."

그러자 소녀는 라스콜리니코프에게 "당신은 세상 사람들과 대지 앞에 죄를 지었으니 사람들이 많이 다니는 센나야 광장에 나가 그 대지에 입맞추며 사람들 앞에서 내가 바로 살인자라고 참회하라"고 말한다. 센나야 광장은 죄가 싹튼 공간이면서 죄를 참회하는 공간이다.

라스콜리니코프의 하숙집

라스콜리니코프는 그리보예도프 운하길, 코쿠쉬킨 다리, 센나야 광장을 산책하는 것을 좋아했다. 이 가공의 인물은 작가가 창조해 낸 주인공이지만 우리는 라스콜리니코프를 실존 인물처럼 느낀다. 《빨간 머리 앤》의 앤을 실제 인물로 생각하는 것처럼. 바로 문학의 힘이다. 하숙집에서 센나야 광장으로 가려면 스톨랴르니 골목길을 지나야 한다. 그러면 운하를 가로지르는 코쿠쉬킨 다리와 만난다. 독자들은 라스콜리니코프의 정처없는 발걸음에서 도스토예프스키의 뒷모습을 본다.

큰맘 먹고 페테르부르크에 왔다면 다른 건 몰라도 스톨랴르니 골목길과 라스콜리니코프의 하숙집은 꼭 한번 들를 것을 권한다. 물론 화려한 볼거리는 없다. 그러나 페테르부르크는《죄와 벌》을 탄생시킨 공간이며, 핵심 무대는 센나야 광장 주변이다. 라스콜리니코프의 하숙집으로 묘사된 집은 그라즈단스카야 거리 19번지.《죄와 벌》을 쓴 카즈나체이스카야 집과는 불과 1분 거리다.《죄와 벌》을 읽었거나 영화로 본 사람들은 모두 건물 5층 다락방에서 시가지를 내려다보고 싶은 충동을 느낀다.

스톨랴르니 골목과
코쿠쉬킨 다리

독자들은 19번지 하숙집 건물을 살펴보면서 조금 의아하게 생각할지도 모른다. 적어도 외관상으로는 건물이 4층으로 보이기 때문이다. 비록 허구의 인물이지만 소설의 주인공이 살았던 장소라 기념 플라크 역시 다른 곳과 차이가 있다. 도스토예프스키의 모습이 벽감 형태로 부조되어 있고, 그 밑에 마치 기단부처럼 대리석 기념 플라크가 받치고 있다. 도스토예프스키 부조 옆으로 계단이 나 있다. 소설에 나오는 13계단의 상징이다. 플라크에는 이렇게 쓰여 있다.

라스콜리니코프의 하숙집으로 설정된 모서리 다락방

"라스콜리니코프의 집. 도스토예프스키를 통해 페테르부르크의 이곳에 살던 사람들의 비극적 운명을, 전 인류를 위한 선을 정열적으로 설교할 수 있는 토대가 되었다."

무슨 뜻인가? 알 듯 모를 듯한 말이다.

《죄와 벌》은 이렇게 시작한다.

"찌는 듯이 무더운 7월 초의 어느 날 해질 무렵, S골목의 하숙집에서 살고 있던 한 청년이 자신의 작은 방에서 거리로 나와, 왠지 망설이는 듯한 모습으로 K다리를 향해 천천히 발걸음을 옮기고 있었다. 그는 다행히도 계단에서 여주인과 마주치는 것을 피할 수 있었다. 그의 작은 방은 높은 5층 건물의 지붕 바로 아래에 있었는데, 방이라기보다는 벽장 같은 곳이었다. 여주인은 그보다 한 층 아래에 있는 독립된 아파트에서 살고 있었고……."

하숙집 1층의 기념 부조

S골목은 스톨랴르니 골목길을, K다리는 코쿠쉬킨 다리를 각각 가리킨다. 하숙집을 나온 그의 발끝이 향하는 곳은 전당포 여주인이 사는 집이었다. 그는 전당포 노파의 집을 거미집으로 묘사했다. 노파는 거미집에 서식하는 한 마리 이(蝨)에 불과했다. 인간에게 이는 마땅히 죽여 없애야 하는 미물. 그 거미집은 그리보예도프 운하 104번지. 소설에서는 이렇게 묘사된다.

"목적지는 그다지 멀지 않았다. 그는 자기 집 문 앞에서 거기까지 몇 발자국이나 되는지도 알고 있었다. 정확히 730걸음이었다. 그는 언젠가 몽상에 빠져 있었을 때, 그 수를 세어놓았던 것이다."

소설이 세상에 나온 후 수많은 연구자들이 페테르부르크에서 직접 730걸음을 확인해 보았다. 화가 보리스 코스치코프는《소설 '죄와 벌'의 세계》를 출간했다. 코스치고프는 소설을 토대로 중요 장면을 실제적인 그림으로 끄집어냈다. 이를테면 하숙집 문을 열고 13계단을 내려가 남의 집에서 도끼를 훔치는 것으로 묘사된 계단실을 포함해 거의 모든 공간을 재현했다. 그는 아예 '730걸음'이라는 지도까지 만들어냈다. 하숙집에서 나와 전당포 노파 집까지 가는 길은 5~6가지나 된다. 어느 길을 선택하든 730걸음으로는 소인국의 걸리버가 아닌 이상 그 누구도 불가능하다. 730걸음이라고 한 것은, 그의 말대로 몽상 속의 걸음 숫자에 불과하다. 그럼에도 많은 연구자들이 730이라는 숫자의 마법에 홀려 마치 실제인 것처럼 따라해 보았다.

소설에서는 주인공이 어느 길을 선택해 노파의 집까지 갔는지에 대해서는 적시하지 않았다. 그러나 그가 코쿠쉬킨 다리까지 간 것은 거의 확실해 보인다. 코쿠쉬킨 다리에서는 운하 제방길의 양쪽 길 중 하나를 선택했을 것이다. 나는 두 길을 다 걸어가 보았다. 제방길로 노파의 집까지 가려면 15분쯤 걸린다.

노파의 아파트 집에 도착한 나는, 아파트 안쪽 마당으로 들어가고 싶은 마음이 간절했지만 허락도 없이 남의 집에 들어가 볼 수는 없는 일. 한참을 노파의 집 앞에서 서성거렸다.

《죄와 벌》을 읽어본 사람이라면 노파의 집이 있는 건물 안마당과 계단에 대한 묘사를 잊지 못한다.

화가 보리스 코스치코프의 《소설 죄와 벌의 세계》에 삽입된 라스콜리니코프 하숙집 주변 그림

"이 집은 전체가 작은 방들로 이루어져 있으며, 거기에는 온갖 직업의 사람들, 예컨대 재봉사, 자물쇠 장수, 식모, 독일인들, 창녀들, 하급 관리들이 살고 있었다. 건물의 두 문과 두 마당은 드나드는 사람들로 북적거렸다. 또 거기에는 서너 명의 경비원들이 지키고 있었다. 청년은 그들 가운데 어느 누구와도 마주치지 않은 것에 몹시 만족하며 사람들 눈에 띄지 않도록 문에서 오른쪽 계단으로 숨어들어 갔다. 비좁고 어두운 계단은 '뒤쪽'으로 나 있었다. 그는 이미 이 건물의 모든 것에 대해 잘 알고, 연구하고 있었으며, 이런 조건들 모두가 그의 마음에 들었다. 이런 어두움 속에서는 아무리 호기심 많은 시선도 위험하지 않았던 것이다."

《죄와 벌》의 독자들은 한번쯤은 심정적으로 라스콜리니코프 편에 선다. 그는 현실과 동떨어진 이상주의자였다. 작가가 그를 '다락방의 지식인'으로 설정한 것은 편협함의 상징적 장치다. 전당포 노파를 살해하기로 결심한 데에는 그만의 논리가 있다. 인류애의 실천 과정에 노파가 장애물이 되기 때문이었다. 일면 그럴듯하다. 그런데 그는 살인 현장에 예기치 않게 등장한 노파의 여동생을 향해 눈 하나 깜짝하지 않고 도끼를 휘두른다. 주인공의 행위에 일말의 동정심을 갖던 사람이라도 그가 두 번째 살인을 저지르는 대목에서는 강한 거부반응을 보인다. 무고한 노파의 여동생까지 살해한 것은 누구도 공감할 수 없는 일이다.

그는 두 명을 순식간에 살해하고 돌아와서도 아무런 죄의식을 느끼지 않는다. 그는 수사관들에게 "법적으로 확립된 것은 아니지만 '특별한 사람'은 자신의 양심에 따라 현실적 장애를 무시할 권리가 있다"고 강변한다. 그는 특별한 사람, 즉 초인이므로 정의를 독점할 권리가 있고, 정의 실현을 위해 수단과 방법을 가리지 않는다. 작가는 라스콜리니코프를 통해 폭력혁명을 정당화하는 급진사회주의자들의 악마적 속성을 경고한 것이다. 라스콜리니코프는 선(善)의 이름으로 도끼를 휘두르는 악의 화신이다.

두 번째 아내

다시 작가 도스토예프스키의 이야기로 돌아가보자. 1867년 2월 15일 도스토예프스키는 상처한 지 3년 만에 재혼했다. 작가의 두 번째 부인은 속기사 안나 그리고리예브나. 《노름꾼》은 그가 1866년 10월 4일부터 10월 31일까지 구술로 쓴 책이다. 《노름꾼》을 쓸 때 27일간 함께 일한 속기사가 바로 안나였다. 이 책을 끝내고 며칠 후, 마흔여섯의 홀아비는 스물한 살의 처녀에게 청혼했다. 당시 러시아에서는 40대 남자가 20대 여자와 결혼하는 일이 흔하지 않았다. 사회적 지위와 경제력을 갖춘 남자가 육체적으로 절정기에 있는 여자와 혼인하는 것을 자연스럽게 받아들였다. 두 사람은 이즈마일로프스키 성당의 푸른 반원형 돔 밑에서 많은 이의 축복 속에 결혼했다.

안나는 훗날 《도스토예프스키와 함께 한 나날들》이라는 회상록을 남겼다. 이 회상록에 따르면 도스토예프스키는 청혼을 하면서 전날 밤 꿈에서 보았던 밝은 별 이야기를 들려주었다. 이 대목에서 우리는 대작가가 청혼을 하면서 얼마나 가슴 떨려했는지를 짐작할 수 있다.

두 사람은 보즈네센스키 대로 29번지 2층집에서 신혼생활을 시작했다. 이 대로는 이삭 대성당을 향해 나 있는 네프스키 대로를 포함한 방사형 대로의 하나로, 그가 1849년 체포되었을 때 살던 곳과 가깝다.

도스토예프스키가 결혼식을 올린 이즈마일로프스키 성당

두 번째 부인 안나

그는 이 집에 살면서 어느 정도 심리적인 안정을 되찾고 집필에 몰두할 수 있었다. 골칫거리는 사별한 부인이 데리고 온 아들 파벨과 빚쟁이들. 파벨은 신혼집에 얹혀살면서 자신과 동갑인 안나를 끊임없이 괴롭혔다. 거기에 형의 유가족까지 먹여 살렸으니 더 말해 무엇 하겠는가.

신혼부부는 결혼한 지 두 달도 되지 않은 4월 14일 유럽 여행을 떠난다. 이 여행은 아내가 기획한 것이었다. 파벨과 형의 가족, 그리고 빚쟁이들로부터 잠시라도 벗어나고픈 마음이 간절했다. 당초에는 2~3개월을 예정했지만 일정은 계속 늘어나 장장 4년을 독일, 스위스, 오스트리아, 이탈리아에 머물게 된다. 유럽 체류 4년간 두 딸을 얻었지만 첫째 딸은 석 달 만에 죽고 만다.

1867년 제네바에 머물 때 도스토예프스키는 《백치》를 쓰기 시작해 이듬해 피렌체에서 탈고한다. 그는 1869년 드레스덴으로 거처를 옮겨 새 소설을 구상했다. 이 소설이 바로 《악령》이다. 《악령》은 그가 1871년 4년간의 유럽 유랑을 끝내고 귀국한 뒤에 《러시아 통보》에 연재되었다.

그가 귀국한 직후 살게 된 집은 림스키 코르사코프 대로 3번지 집. 그가 돌아왔다는 소식이 알려지자 다시 빚쟁이들이 들이닥쳤다. 채권자들로부터의 빚독촉, 대책 없는 의붓아들, 복잡한 가족관계, 생활고 등 스트레스가 다중으로 그를 괴롭혔다. 도스토예프스키는 이 집에서 2개월 살고는 세르푸호프스카야 거리 15번지로 이사해 연재 중인 《악령》을 계속 집필했다. 《악령》을 쓴 두 집은 건물이 개축되어 지금은 남아 있지 않다.

혁명적 인텔리겐차 비판

알려진 것처럼《악령》의 모티브는 네차예프 사건이다. 도스토예프스키가《악령》을 구상하게 된 것은 드레스텐을 방문한 처남에게서 사건의 자초지종을 듣고 나서였다. 처남은 페트로프 농과대학 학생이었는데, 처남을 통해 네차예프 살인사건을 전해 듣는다. 네차예프에 의해 피살된 학생은 처남의 친구였다.

1869년 11월 21일 네차예프라는 모스크바 대학생이 지하혁명조직의 동료를 살해했다. 지하조직에 가담했던 이바노프라는 학생이 조직을 탈퇴하려고 하사 조직이 탄로날 것을 두려워해 그를 살해한 것이다. 살인사건은 당시 러시아 사회 일각에 만연했던 흐름을 함축하고 있었다. 당시 러시아에는 무지몽매한 러시아 농민을 각성시켜 차르를 타도하자고 주장하는 급진적인 '나로드니키' 파가 있었고, 다른 하나는 바쿠닌으로 상징되는 무정부주의자 세력, 즉 아나키스트였다. 아나키스트들은 혁명을 위해서라면 체제의 파괴나 테러조차도 용인된다고 생각했다.

네차예프는 이바노프를 살해하고 스위스로 도주한다. 그러나 모스크바 경찰에 의해 살인범이 네차예프라는 사실이 밝혀졌고, 3년 뒤 네차예프는 스위스 경찰에 체포되어 범죄인 인도협약에 의해 페테르부르크로 압송된다. 네차예프는 페트로파블로프스크 요새감옥에 수감된다. 그때 네차예프의 나이 스물다섯. 바쿠닌이 살인사건에 관여했다는 전모가 드러나면서 바쿠닌은 국제적인

네차예프(왼쪽)와
바쿠닌(오른쪽)

비난을 받게 된다. 네차예프는 스스로를 스텐카 라친이나 푸가초프로 여겨 혁명을 위해서라면 살인을 포함한 모든 행위는 정당화된다고 생각했다.

《악령》에서 농과대학생 이바노프는 신학생 샤토프로, 잔인한 혁명가 네차예프는 베르호벤스키로 각각 등장한다. 도스토예프스키가 누구인가. 20대 시절 페트라셰프스키 사건에 연루되어 10년간 시베리아 유형 생활을 한 사람이다. 그는 네차예프로 상징되는 혁명적 인텔리겐차들을 악령에 홀린 인간들로 간주했다. 도스토예프스키는 이미 《죄와 벌》에서 라스콜리니코프라는 인물을 창조해, 정의를 독점했다고 확신하는 인간이 벌이는 대재앙을 고발한 바 있다. 그는 다시《악령》을 통해 혁명적 인텔리겐차들의 사회주의 사상과 아나키즘을 강력하게 비판한 것이다. 《악령》을 발표하면서 그는 보수 진영을 대표하는 작가로 자리매김한다.

이 시기 도스토예프스키의 모습을 잠시 살펴볼 필요가 있다. 화가 바실리 페로프가 그린 초상화를 보자. 1872년에 완성된 이 초상화는 수집가 트레티야코프의 주문으로 그려졌다. 현재 모스크바 트레티야코프 미술관에 소장되어 있다. 《러시아 미술사》를 쓴 이진숙은 바실리 페로프의 초상화에 나타난 도스토예프스키를 이렇게 묘사하고 있다.

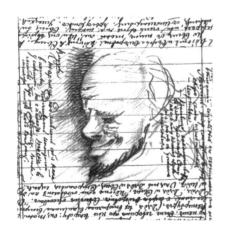

《악령》의 원고와 스케치

"깍지 낀 두 손을 무릎에 얹은 도스토예프스키는 깊은 생각에 잠겨 있다. 관람자의 시선 교환을 회피한 채 그는 자기만의 세계에 침잠해 있다. 고요한 자세를 취하고 있지만 그의 영혼에서 벌어지는 일은 결코 고요하지 않은 듯, 야

윈 얼굴에 이마에는 핏줄이 곤두서 있
다. 사형을 극적으로 면하고 시베리아
유형으로 감형을 받은 도스토예프스키
는 이제 이념 투쟁을 거부하고 인간의 심
연에 감춰져 있는 선과 악의 대립에 주목
하면서, 정신적인 영역에서 러시아의 구
원을 찾는다."

1873년이 되면서 도스토예프스키 가
족은 경제적 안정을 찾아가기 시작한다.
1월, 보수주의 잡지인 《시민》을 발행하
던 메체르스키 공작이 도스토예프스키
에게 편집장 자리를 맡겼다. 러시아 보

〈도스토예프스키의 초상〉,
바실리 페로프

수 진영의 대표 작가로 자리매김한 그였기에 자연스러운 일이었다.
메체르스키 공작은 차이코프스키와 황제법률학교 동문이었다. 그러
고 보니 이상했다. 어떤 자료에도 도스토예프스키와 차이코프스키 두
사람이 만났다는 기록이 없다. 오랜 기간 같은 페테르부르크 하늘 아
래 살았고, 문학과 음악 분야에서 각각 최고의 자리에 오른 사람이었
는데도 말이다.

《시민》 편집장 자리는 도스토예프스키 가족에게 일정한 수입을 보
장해 주었다. 편집장으로서 그가 받은 연봉은 3,000루블. 페테르부르
크에서 가구가 있는 방 두 개짜리 아파트 월세가 70~90루블 정도였
다고 하니 월급 250루블은 집안 살림을 하는 부인 입장에서 보면 한숨
돌리게 하는 돈이었다.

이 시기 특기할 만한 일은 안나가 직접 출판사를 차려 《악령》을 출
판했다는 사실이다. 안나는 그 동안 아무리 책이 많이 팔려도 인세가

제대로 들어오지 않는 게 출판사가 폭리를 취했기 때문이라고 생각했다. 안나는《악령》이 대중성이 있다고 판단하고 경제관념이 약한 남편 대신 직접 출판 사업에 뛰어들었다. 《악령》은 3.5루블 정가에 초판 3,500부를 찍었다. 총 수입 1만 2,250루블 중에서 인쇄 비용과 서점 몫을 제하고도 4,675루블이 남았다. 당시 러시아의 이름 있는 작가들 중 작가가 직접 책을 출판한 경우는 도스토예프스키가 처음이었다. 안나는 조금씩 빚을 갚아나갔고 나머지 소설 판권도 직접 관리하면서 서서히 경제적 안정을 찾는다.

도스토예프스키는 1837년 페테르부르크에 도착해 1881년 눈을 감을 때까지 20여 곳의 집을 전전했다. 집을 살 돈이 없어 부초처럼 여기

《카라마조프 가의 형제들》
초판 표지와 원고

저기 셋집을 떠돌았다. 나의 전작《빈이 사랑한 천재들》의 모차르트와 베토벤을 떠올리지 않을 수 없다. 바로 천재들의 가난이다. 그래도 도스토예프스키 가족에게 위안이 된 것은 여름마다 가서 지낸 스타라야루사의 별장이었다. 이곳에서 아들 알렉세이를 얻었다.

도스토예프스키는 그레체스키 대로 6번지 집에서 1878년 9월까지 살면서《카라마조프 가의 형제들》을 쓰기 시작했다. 그런데 비극은 또다시 부부를 덮친다. 세 살난 알렉세이가 간질병으로 세상을 떠난 것이다. 아이의 간질병은 도스토예프스키에게 물려받은 병이었다. 벌써 두 번째 경험하는 비극이었지만 알렉세이의 죽음은 죄책감이 더해져 가슴이 찢어지는 듯했다. 자식을 앞세운 부모의 슬픔은 경험해 보지 않고는 그 누구도 모른다. 그는 슬픔을 진정시키려 옵티나 푸스틴 수도원을 찾기도 했다.

예술가와 작가에게는 개인적인 비극을 작품으로 승화

시키는 능력이 있다. 도스토예프스키는 죽은 아들 알렉세이를 《카라마조프 가의 형제들》에서 셋째 아들로 부활시킨다.

도스토예프스키는 분위기 전환이 필요했다. 새로 이사한 집은 쿠즈네치니 골목 5번지 집. 역시 모퉁이 집이었다. 그런데 이 집은 그가 스물다섯 살 때 잠깐 살았던 집이었다. 32년 뒤 그는 쉰일곱 노년이 되어 청춘을 보냈던 집으로 다시 돌아온 것이다. 지금 나이 쉰일곱은 중년에 속하지만 평균 수명이 60세에 불과하던 19세기에는 노년에 해당한다. 쿠즈네치니 골목 5번지를 선택한 것은 본능이었다.

이곳에서 도스토예프스키는 《카라마조프 가의 형제들》 집필을 계속한다. 도스토예프스키 연구자들은 《카라미조프 가의 형제들》의 공간적 배경이 더 이상 현실적 공간이 아니라는 점에 주목한다. 《죄와 벌》은 페테르부르크가 중심 무대였지만 《카라마조프 가의 형제들》의 무대는 어린 시절부터 지금까지 경험해 온 여러 장소가 혼합된 가상의 공간이었다.

푸슈킨 동상 제막식

도스토예프스키는 1880년 3월, 모스크바에서 푸슈킨 동상 제막식 초청연설을 의뢰받는다. 그는 생각지도 못한 초청에 뛸 듯이 기뻤다. 젊은 시절 푸슈킨처럼 글을 쓸 수 있을까 하며 선망해 마지않던 푸슈킨이 아닌가. 그런데 자신이 푸슈킨 동상 제막식에 초청되어 연설하게 된 것이다. 도스토예프스키는 연설문 원고를 쓰기 위해 연재중이던 《카라마조프 가의 형제들》 집필까지도 잠시 중단한다. 그는 별장 스타라야루사로 가서 〈푸슈킨론〉 연설 원고를 쓴 뒤 5월 말 모스크바로 갔다. 그는 푸슈킨의 예술적 천재성 속에는 러시아의 미래가 추구

푸슈킨 동상 제막식
초청장과 비표

해야 하는 인류적 동포애와 위대한 보편적 조화가 이미 성취되고 있다고 썼다. 러시아 문학자 이덕형은 자신의 책에서 이렇게 평했다.

"푸슈킨은 오래된 미래의 비밀을 풀 수 있는 열쇠이자 도스토예프스키가 되돌아가고 싶어 하는 선험적 고향과 같은 존재였다. 푸슈킨에게 《예프게니 오네긴》이 하나의 패러디였듯 도스토예프스키에게 푸슈킨은 거울과 같은 하나의 알레고리였다."

푸슈킨 동상 제막식을 다녀온 뒤로 도스토예프스키는 기분이 몹시 좋아졌고,《카라마조프 가의 형제들》을 완성하는 데 모든 에너지를 쏟았다. 1880년 11월 마침내 《카라마조프 가의 형제들》을 완성했다. 대작을 끝낸 뒤 그는 탈진해 쓰러졌고, 다음해 1월 26일 각혈을 하기 시작했다. 그런 와중에도 그는 잡지사에 《카라마조프 가의 형제들》의 나머지 원고료를 보내달라는 편지를 쓴다. 와병 사흘째 되던 날 그는 시베리아 유형 도중 토볼스크에서 받아 평생을 간직한 신약성서를 가져다달라고 했다. 그는 위기에 부딪힐 때마다 성경을 아무데나 펴고 읽어 그 구절에서 지침을 얻곤 했다. 그는 마태오 복음서를 펴고 한 군데를 가리켰다. 안나가 그 구절을 읽었다.

"예수께서 요한에게 '지금은 내가 하자는 대로 하여라. 우리가 이렇게 해야 하느님께서 원하시는 모든 일이 이루어진다'고 대답하셨다."

그는 안나에게 "내가 오늘 죽을 것 같다"고 말했다. 그는 계속 자다 깨다를 반복하며 각혈을 했다. 안나와 아들 표도르와 딸 리우보프가 그의 곁을 지켰다. 그는 아이들에게 작별인사를 하고 성서를 아들에게 주었다. 그리고 눈을 감았다. 1881년 1월 28일 수요일 오후 8시 46분이었다.

안나는 재혼하지 않은 채 아이들을 키우며 1917년까지 쿠즈네치니 골목 5번지 집에서 살았다. 그 사이 남매가 결혼해 가정을 꾸려 자녀를 낳았다. 안나는 1917년 자신의 영지가 있는 흑해 연안으로 홀로 이주했다. 페테르부르크를 떠나기 전 안나는 쿠즈네치니 집에 있던 모든 물품을 위탁 보관했고, 1918년 흑해 연안에서 사망했다.

결과를 놓고 보면, 도스토예프스키는 청춘의 기억이 남아 있는 이 집에서 자신이 생의 마지막 숨을 쉬게 되리라 것을 알았던 것 같다. 인생의 처음과 끝을 연결할 수 있는 사람은 행복한 사람이라는 말이 있는데, 도스토예프스키가 그랬다.

그가 이승에서 마지막 숨을 몰아쉰 공간으로 가보자. 지하철 4호선 블라디미르스카야 역에서 내린다. 1호선과 교차하는 이 역의 또다른 이름은 도스토예프스키 역.

역 앞에서 오른쪽으로 난 길이 쿠즈네치니 골목길이다. 이 길을 따라 한 블록 걸으면 도스토예프스키 기념관이라고 쓰여 있는 5번지 집이 나온다. 5번지 집은 쿠즈네치니 골목길과 도스토예프스키 골목길이 만나는 지점에 있다. 5번지 아파트의 모서리 집. 입장권과 사진촬영권을 산 뒤 입장했다.

도스토예프스키의 마지막 거처는 3층. 2층에서 3층으로 올라가는 계단실을 올려다보았다. 돌계단이 무척 가팔랐다. 그래서인지 계단실 양쪽에 안전 손잡이가 설치되어 있다. 돌계단은 판판하지 않고 곰보자국처럼 군데군데 패이고 얽어 있었다. 나는 손잡이를 잡고 조심스럽게 계단을 오르면서 이 세난을 수없이 밟았을 한 남자의 인생을 떠올렸다.

　3층의 왼쪽이 그의 아파트이고 오른쪽은 박물관이다. 다른 사람이 살던 집을 사들여 박물관으로 꾸몄다. 러시아에는 페테르부르크를 포함해 도스토예프스키 박물관이 모두 일곱 곳이나 있다. 믿기 어렵겠지만 페테르부르크 박물관은 1971년에야 개관했다. 세계의 작가들이 숭상하는 도스토예프스키가 태어난 곳이 아닌가. 그것은 도스토예프스키가 일찌감치 사회주의의 본질을 꿰뚫고 사회주의를 비판하는 입장에 서왔기 때문이다. 공산정권에서 그를 거북하게 여겨 박물관 건립을 허가하지 않았던 것이다.

쿠즈네치니 박물관과 표지판

　먼저 박물관을 둘러보기로 했다. 가장 먼저 출생증명서가 보였다. 첫 번째 작품 《가난한 사람들》에 대해 최고의 상찬을 한 평론가 벨린스키의 사진이 보였다. 나는 개인적으로 시베리아 유형 시절의 사진을 보고 싶었다. 그러나 시베리아 유형과 관련된 사진은 몇 장밖에 보이지 않았다. 하긴 죄수 시절 누가 사진을 찍었을까도 싶었다.

　형 미하일과 부인의 사진도 있었다. 그는 형을 끔찍이 사랑했고, 기꺼이 형의 유족을 책임졌다. 그가 다닌 서유럽 도시들의 당시 사진도 보였다. 런던, 파리, 베를린, 드레스덴, 바덴바덴, 비스바덴, 함부르크,

베니스, 밀라노, 로마, 제네바, 플로렌스 등. 러시안룰렛 장비와 칩도 전시되어 있다. 한때 도박중독에 빠졌던 작가의 모습이 칩에 오버랩되었다.

작가의 숨결을 느끼려면 작가의 원고를 봐야 한다. 《죄와 벌》, 《백치》, 《악령》 등의 원고가 전시되어 있다. 작가의 필체는 마치 줄을 그어 놓은 원고지에 써내려간 것처럼 반듯하고 질서 정연했다. 언뜻 보면 인쇄된 필기체처럼 보인다. 작가의 성격이 그대로 드러난다. 작가는 소설을 쓰면서 원고지 한 쪽에 등장인물의 생김

쿠즈네치니 박물관의 기념 부조

새, 지형지물 등을 스케치했다. 그림을 썩 잘 그렸다고는 할 수 없지만 등장인물과 공간 구조를 이해하는 데는 부족함이 없어 보였다. 모스크바 푸슈킨 동상 제막식과 관련된 사진, 초청장, 원고 등도 전시되어 있다. 그의 데드마스크와 입관한 직후의 사진도 있다.

대문호의 집필실과 묘지

이제 도스토예프스키의 맥박과 숨결이 남아 있는 집으로 가보자. 그는 방 다섯 개를 빌려 썼다. 현관을 보면 그 집 주인의 성격이 드러난다고 했는데, 현관은 검박하고 정결했다. 지팡이 한 개와 검정 우산 두 개가 거치대에 걸려 있고, 중산모 하나가 역시 모자걸이에 걸려 있다. 현관에는 그 당시의 벽지 샘플을 따로 전시하고 있었다. 벽지만 다시 발랐다는 뜻이다.

현관 왼편으로 가면 거실로 연결되지만 나는 먼저 아이들 방을 보

도스토예프스키 박물관과 집에 진열된 물건들. 왼쪽 위부터 시계 방향으로
러시안룰렛 장비와 칩, 도스토예프스키의 데드마스크, 모자걸이, 우산걸이

고 싶었다. 아이들 방에는 아이들이 가지고 놀던 장난감이 방바닥 여기저기에 흩어져 있었다. 목마, 인형 등. 그 장난감들을 하나씩 살펴보는데 아버지를 잃고 슬퍼했을 아이들의 얼굴이 비치는 듯했다. 어떤 대문호도 아이들에게는 그저 아빠일 뿐.

다음은 식당. 4인용 식탁에는 찻잔과 과일을 담는 그릇이 놓여 있다. 식당을 지나 거실로 갔다. 거실은 그대로였다. 한 쪽 벽면에 친지와 지인의 얼굴 사진이 들어간 알밤만한 크기의 액자가 20여 개 붙어 있다. 그는 이렇게 가까운 친척과 지인들 얼굴 사진을 벽에 붙여놓고 보는 걸 좋아했다. 거실 탁자에는 담뱃갑과 담배 다섯 개비가 보였다. 그는 골초였다. 주변에서 걱정할 정도로 담배를 많이 피웠다. 애연가가 생전에 사랑한 담배 브랜드는 '라페르메'. 집필실 겸 서재로 들어가기 전 그는 거실 소파에 앉아 담배를 피우곤 했다. 그는 가족이 모두 잠들면 그때부터 본격적인 집필에 몰입했다. 흡연은 일상에서 창작으로 모드를 전환하는 과정에 필요한 일종의 의례였는지 모른다.

그런데 가만, 담뱃갑 바닥에 뭐라고 쓰여 있는 게 아닌가. 딸 리우보프가 쓴 낙서 같은 메모에는 "아빠가 1881년 1월 28일 8시 45분에 죽었다"라고 쓰여 있었다. 또박또박 쓴 정자체가 아닌 흘림체. 나는 그 글씨체를 보는 순간 울컥했다. 위대한 작가 이전에 그는 한 사람의 인간이었다. 남매의 아빠이자 아내의 남편이 방금 전 눈을 감았고, 유족들은 지금 비통해하고 있는 것이다. 딸 리우보프의 삐뚤삐뚤한 글씨는 그날 오전의 상황을 플래시백으로 재연하고 있었다. 딸은 훗날 작가가 되었고, 《딸이 본 도스토예프스키》라는 책으로 이름을 알렸다.

기념관의 하이라이트는 집필실이다. 인류 역사상 가

담뱃갑의 딸 메모

장 위대한 소설가 중 한 명으로 꼽히는 작가의 집필실을 들여다보는 것처럼 특별한 경험이 있을까. 만일 이 박물관에 온 사람이 글을 쓰는 사람이라면, 이는 죽어도 잊지 못할 순간으로 기억되리라. 집필실에는 줄을 쳐놓아 안으로 들어갈 수가 없다. 관람객들은 줄에 몸이 닿지 않도록 조심하면서 내부를 살피고 사진을 찍는다. 그들의 눈빛은 마치 오랜 세월 염원하던 성지순례에 온 것처럼 경건하기 그지없다.

집필실은 단출했다. 푸슈킨의 집필실과 비교하면 차라리 빈한하다고나 할까. 침대 겸 소파, 책상, 책장, 사방탁자, 탁자가 전부였다. 이사를 다니기에 아주 간편한 가구였다. 작가는 앉은 자리에서 왼편 벽면에 자신의 사진을 걸어두었다. 30대 시절의 모습이다. 자리에서 정면으로 창문이 보인다. 창문 바로 앞에는 탁상시계가 놓여 있는 작은 탁자가 있다. 탁상시계는 8시 46분에 멈춰 있다. 딸의 담뱃갑 메모에는 8시 45분이지만 공식 기록은 8시 46분. 창가에서 밖을 내다보면 블

도스토예프스키의
집필실

라디미르 교회의 쿠폴이 보인다. 침대 겸 소파 뒤 벽면에는 낡은 사진 액자가 걸려 있다. 라파엘로의 유명한 작품 〈시스틴 마돈나〉의 복제 사진이다.

책상 위를 살펴본다. 책상에는 초록색 깔판을 깔아두었는데, 3미터 쯤 거리에서 육안으로 볼 때 고무깔판 같아 보였다. 책상 위에는 촛대 두 개가 있고, 양 촛대 사이에는 잉크대가 있다. 그 앞에 원고지가 있고, 왼편에 가죽 표지의 노트 10여 권이 쌓여 있다. 작가는 저 책상에 앉아 《카라마조프 가의 형제들》을 썼다. 저 노트를 펼치면 작품 구상과 관련된 메모, 스케치 등이 쏟아져 나와 벌떼처럼 웅웅거릴 것만 같다.

정부는 유가족에게 매년 2,000루블의 연금을 지불하기로 했다. 장례식은 4일장으로 치러졌다. 1월 31일 알렉산드르 네프스키 수도원으로 향하는 운구 행렬은 네프스키 대로를 가득 메웠다.

두 손에 꽃과 이콘을 든 사람들, 장례성가를 부르는 합창 소리. 네프스키 대로 연도에는 시민 3만여 명이 대문호의 마지막 모습을 보기 위해 구름처럼 몰려들었다. 수도원 내부의 삼위일체 성령 교회에서 장례미사가 열렸다. 미사가 끝난 뒤 관이 수도원 입구에 있는 작가·예술가 묘지로 운구되었다. 친지와 대표들의 추도사가 시작되었다. 첫 번째로 추도사를 읽은 인물은 팔름이라는 무명작가였다. 팔름은 1849년 망자와 함께 세묘노프 연병대 사형 집행장에 섰다가 목숨을 건진 생존자였다. 추도사를 읽은 이들은 준비해 온 꽃 한 송이를 관 위에 던졌다. 모두 74개의 꽃이 그의 가슴 위에 놓였다. 그리고 흙이 덮였다.

이제 마지막 여정인 알렉산드르 네프스키 수도원 묘지로 가보자. 알렉산드르 네프스키 광장역은 지하철 4호선과 3호선이 교차한다. 도시의 모든 환승역은 교차하는 노선 수만큼 이름이 따로 있다. 예컨대 센나야 광장역은 2호선, 5호선, 4호선이 교차하는데 역 이름이 3개가

도스토예프스키의 묘지

된다. 그러나 알렉산드르 네프스키 광장역은 분명 환승역이지만 이름이 하나다. 왜 그럴까? 페테르부르크가 그만큼 이곳을 중요시한다는 뜻이다.

페테르부르크의 모든 행사는 네프스키 대로를 중심으로 펼쳐진다. 4.2 킬로미터에 달하는 네프스키 대로는 문화와 예술과 상업과 종교의 중심지다. 네프스키 대로는 바로 알렉산드르 네프스키 광장역에서 시작해 겨울궁전까지 이어진다. 1905년 혁명과 1917년 2월 혁명 당시 민중은 네프스키 대로를 행진해 황제의 거처인 겨울궁전으로 향했다.

광장역을 빠져나오면 도로 한가운데에 기마상이 보인다. 13세기의 유능한 정치가이자 러시아의 국민적 영웅인 알렉산드르 네프스키다. 기마상은 네프스키 대로를 응시하고 있다. 수도원으로 향하는 관문을 지나면 양쪽에 낮은 담장이 보인다. 수도원 묘지다. 입장권을 산 뒤 안으로 들어섰다. 아담해 보이는 묘지의 규모는 3,300여 평. 모두 174기의 묘가 들어서 있다. 제정 러시아부터 20세기 초반까지 도시에서 활동한 인물들이 대부분 이곳에 영면하고 있다. 작가이자 역사가 카람진, 우화작가 크릴로프, 화가 쿠인지, 작곡가 차이코프스키, 평론가 스타소프를 비롯해 최초의 세계일주 모험가, 배우, 발레리나 등이 모두 여기에 묻혔다.

몇 걸음 걸으니 이정표가 보였다. 이정표는 도스토예프스키 묘지와 차이코프스키 묘지를 각각 가리키고 있었다. 나는 도스토예프스키의 안식처를 먼저 찾기로 한다. 이정표에서 화살표를 따라 10여 미터 걷자 왼편에 싱싱한 꽃이 놓인 묘비가 보였다. 도스토예프스키 묘지다. 그의 흉상이 눈길을 사로잡는다. 넓은 이마, 꿰뚫는 듯한 눈빛, 턱수염 등이 전체적으로 강인한 인상이다. 묘비의 앞뒤를 훑어보았다. 오른쪽 측면에 여생을 함께 한 안나의 이름이 새겨져 있었다.

나는 묘비를 쓰다듬으며 생각했다. 니체, 막심 고리키, 앙드레 지드, 토마스 만, 프로이트, 김동인, 고은, 마광수 등이 도스토예프스키에 대해 찬시를 남겼다. 모두가 대문호를 설명하기에 부족함이 없다. 그러나 나는 언제나 앙드레 지드의 말에 더 공명한다.

"톨스토이가 큰 산인 줄 알았는데, 조금 물러나서 보니 그 뒤에 아스라이 뻗어 있는 거대한 산맥은 도스토예프스키였다."

차이코프스키,

발레음악의 천재

돌체와 차이코프스키

한국인이 차이코프스키라는 이름을 처음 접하게 된 것은 언제쯤일까? 이 러시아 음악가의 작품을 듣기 시작한 것은 또 언제쯤일까?

아마도 한국인 중 가장 먼저 차이코프스키를 접한 사람은 일제강점기 일본으로 건너간 유학생이 아니었을까. 서양 음악을 공부하러 일본 유학을 간 홍난파를 비롯해 젊은 음악도들은 모차르트, 베토벤과 함께 차이코프스키를 들었을 것이다. 물론 다른 공부를 하러 간 유학생들도 차이코프스키를 감상했을 가능성이 크다. 그렇다면 일본 유학파가 아닌 평범한 보통 사람이 차이코프스키를 듣고 감동한 것은 언제였을까?

1945년 광복 직후 명동에는 많은 다방이 있었다. 그 중 음악다방 돌체(Dolce)는 클래식 음악만을 전문으로 취급하는, 특별한 공간이었다. 음악다방 돌체는 원래 1940년 서울역 앞에서 문을 열었다. 서울역 앞 시절 돌체의 단골손님은 세브란스 의전 학생들이었다. 당시 세브란스 의전은 서울역 앞에 있었다.

돌체다방은 클래식 음반(SP판) 수천 장을 보유하고 있었다. SP판은

LP판의 전신으로 크기는 비슷하지만 두께가 훨씬 두껍다. 돌체다방의 책장에는 SP판이 가로로 눕혀 진열되어 있었다. 지금 SP판은 골동품으로, 부르는 게 값이다. 돌체다방은 어떻게 귀한 클래식 음반 수천 장을 보유하게 되었을까?

광주 출신의 유학생 하석암은 선진국인 일본에 가서 고전음악과 연극예술에 눈을 떴다. 그는 부모가 보내준 학비를 몽땅 클래식 음반을 수집하는 데 썼다. 하석암은 방학 때마다 수집한 음반을 가지고 고향에 돌아왔다. 그는 정두형과 결혼한 후인 1940년 서울로 올라와 서울역 건너편에 클래식 음악다방 돌체를 열었다. 이후 돌체는 명동으로 이사해 명동의 황금시대와 역사를 함께 한다. 하석암의 외동아들 하일부는 어릴 적 일화를 이렇게 털어놓았다.

표트르 차이코프스키

"어느 날 2층에 있던 음악감상실에 가보니까 우리 아버지 사진이 걸려 있었다. 나는 왜 아버지 사진을 음악다방에 걸어놓았을까 궁금했다. 아버지께 왜 아버지 사진을 걸어두었냐고 물어보았다. 그랬더니 그 사람이 차이코프스키라고 했다. 그때 우리 아버지는 구레나룻을 멋지게 기르고 있어서 옆에서 보면 차이코프스키와 똑같았다. 그래서 아버지 별명이 차이코프스키였다. 마침 그때 우연히 흘러나온 음악이 차이코프스키의 〈비창〉이었다. 그때 이후로 나는 〈비창〉을 좋아하게 되었다."

돌체다방은 6·25전쟁 중에는 피난지 부산으로 내려가 속칭 '40계단' 밑에서 영업을 계속했다. 40계단 부근에는 전쟁 중 피난민들이 주로 모여 살았다. 전쟁이 끝난 뒤에 돌체는 다시 명동으로 돌아왔고, 1962년 문을 닫을 때까지 명동을 지켰다.

돌체는 우리나라에서 클래식 음악을 들을 수 있는 유일한 공간이었다. 이런 까닭에 돌체에는 수많은 당대의 작가와 예술가들, 그리고 음악가 지망생들이 드나들었다. 그 면면이 매우 화려하다. 김기림, 김수영, 박인환, 서정주, 오상순, 이어령, 전혜린, 전숙희, 정한숙, 조병화, 조지훈, 천상병(이상 문인), 김환기, 변종하, 박고석, 박서보, 백영수, 이중섭(이상 화가), 노경희, 최무룡, 백성희(이상 배우), 전태기(영화감독), 정영일(영화평론가), 나운영(작곡가), 백건우(피아니스트)에 이르기까지.

1950년대 중반, 배재중학교에 다니던 백건우는 아버지 손을 잡고 늘 돌체에 오곤 했다. 아버지는 피아노에 재능이 있던 어린 아들에게 클래식 음악을 들려줄 곳은 돌체밖에 없다고 생각했다. 백건우는 2007년 한국인으로서는 최초로 '차이코프스키 국제 콩쿠르' 피아노 부문 심사위원에 위촉되었다. 차이코프스키 국제 콩쿠르는 '퀸 엘리자베스 콩쿠르', '쇼팽 국제 피아노 콩쿠르'와 더불어 세계 3대 콩쿠르로 불린다. 1974년에는 역시 세계적인 지휘자 정명훈이 동양인 최초로 차이코프스키 콩쿠르 피아노 부문에서 2위로 입상했다.

물론 이들 말고도 수많은 젊은이들이 돌체를 찾곤 했다. 명동 돌체를 다닌다고 말하면 그 사람을 다시 보곤 하던 시절이었다. 이렇게 보면 보통의 한국 사람이 차이코프스키를 만난 곳은 아마도 돌체가 아니었을까.

끝없는 변주, 〈백조의 호수〉

차이코프스키는 우리의 문화생활에 깊숙이 침윤해 있다. 그렇다고 이것이 우리가 차이코프스키를 속속들이 잘 안다는 뜻은 아니다. 차이코프스키는, 그의 실체와 상관없이 너무 친숙해서 진부해 보이기까지 한다. 왜 그럴까? 그것은 〈백조의 호수(Swan lake)〉 때문이다. 1877년 모스크바에서 초연된 발레 〈백조의 호수〉. 차이코프스키를 모를 수는 있어도 제2막 전주곡의 오보에로 연주되는 멜로디를 들어보지 않은 사람은 드물 것이다.

〈백조의 호수〉는 시도 때도 없이 장소 불문하고 들린다. 동네 무용학원에서부터 오페라 공연장까지. 노출 빈도만을 놓고 보면, 차이코프스키의 〈백조의 호수〉를 능가하는 곡을 찾아보기 힘들 정도다. 모차르트와 베토벤도 차이코프스키를 넘어서지 못한다.

대한민국의 대표적 공연장인 세종문화회관과 예술의전당. 두 공연장에서도 〈백조의 호수〉는 매년 최소한 한 번씩은 공연된다. 모스크바 볼쇼이 발레단이 내한해 공연하는 경우도 있고, 유니버설 발레단이 공연하기도 한다. 그게 아니라면 국내 무용단이 이 작품을 올린다. 그때마다 차이코프스키는 매진을 기록하고 기립박수를 받는다.

2012년 복합상영관 메가박스는 15개 지점에서 3D로 발레 공연 실황을 상영했는데, 그 작품이 영국 최고의 안무가 매튜 본이 리메이크한 〈백조의 호수〉였다. 매튜 본은 〈백조의 호수〉를 21세기에 맞게 새롭게 재창조해 관객을 충격에 빠뜨렸다. 3D 〈백조의 호수〉는 2011년 런던 극장가 웨스트엔드의 새들러스 웰스 극장 공연 실황이다. 물론 매튜 본의 〈백조의 호수〉 팀은 우리나라에서 이미 네 차례나 공연했고, 그때마다 전회 전석 매진이라는 기록을 남겼다.

영화와 뮤지컬로 널리 알려진 〈빌리 엘리어트〉. 영국의 탄광촌에서 발레리노의 꿈을 키워가는 소년의 이야기를 그린 작품이다. 런던 극장가 웨스트엔드에 가면 지금도 뮤지컬 〈빌리 엘리어트〉를 볼 수 있다. 2006년 런던에서 초연한 이후 지금까지 무대에 오르고 있지만 여전히 객석은 만석이다. 같은 이름의 영화도 큰 호응을 받았다. 영화 〈빌리 엘리어트〉의 마지막 장면은 감동과 환희 그 자체다. 영화의 엔딩 신에 등장하는 작품이 바로 〈백조의 호수〉. 발레리노로 성공한 빌리 엘리어트가 백조로 분장한 채 대기하고 있다가 무대 위로 뛰어가 힘차게 도약하는 순간의 뜨거운 환희를 나는 지금도 잊을 수가 없다.

차이코프스키

보통의 한국인은 러시아의 음악가 하면 차이코프스키를 떠올린다. 오랜 세월, 차이코프스키는 곧 러시아의 다른 이름이었다. 그 시간 동안 한국인은 차이코프스키라는 이름 앞에 경배했다. 어느 신인이 모스크바 차이코프스키 음악원에서 공부를 하고 왔다거나 차이코프스키 콩쿠르에서 수상 경력이 있다고 하면 언론은 무조건 한 수 접어주었다.

얼핏 진부한 듯 보이지만 끝없이 변주되어 새롭게 태어나는 인물 차이코프스키. 지금부터 그 불가사의한 인물을 만나러 가보자.

동성애에 눈뜨다

표트르 차이코프스키는 1840년 5월 7일 우랄 산맥의 광산촌 보트킨스크에서 태어났다. 아버지 일리야 차이코프스키는 딸 하나를 낳고 첫 부인과 사별했다. 이후 여덟 살 아래인 알렉산드라 아시예르와 결혼했다. 프랑스 혈통 아시예르는 예술적 소양이 풍부했고 피아노와 하프를 다룰 줄 알았다. 이 사실은 표트르 대제의 서구화 정책 이후 프랑스 인이 얼마나 러시아 사회 깊숙이 들어왔는지를 보여준다.

아버지는 차이코프스키가 태어나기 3년 전 이곳의 광산 감독관으로 부임해 왔다. 광산 감독관의 수입은 중산층 생활을 보장했다. 중산층 집안의 소장품 중 미래의 천재 음악가에게 가장 중요한 것은 오케스트리온이었다. 전축의 전신인 이 기계로 가족은 오페라 모음곡을 자주 듣곤 했는데, 어린 차이코프스키는 특히 모차르트의 〈돈 조반니〉를 좋아했다.

차이코프스키의 천재성에 관한 일화는 많다. 그 중 가장 자주 인용되는 것이 판니 뒤르바흐라는 젊은 여성 가정교사의 회고다. 뒤르바흐는 차이코프스키가 네 살 때 가정교사가 되었다. 어느 날 차이코프스키가 울먹이고 있기에 가정교사가 왜 그러냐고 물었다. 소년은 머리를 가리키며 이렇게 말했다. "이 속에 있는 음악 소리 때문이에요. 음악 소리가 없어지지 않아요."

황제법률학교 학생 때의 차이코프스키

1848년 아버지는 광산 감독관직을 대책 없이 그만두고 무작정 모스크바로 상경했다. 운도 따르지 않아 모스크바에 도착한 직후 콜레라가 창궐했다. 아버지는 허겁지겁 페테르부르크로 갔다가 이듬해 다시 우랄 산맥을 넘는다. 알라바에프스크에서 직장을 잡았기 때문이었다.

1850년 아버지는 차이코프스키를 페테르부르크의 황제법률학교에 보내기로 결정한다. 아들에게 법률을 공부시켜 관리로 출세시키겠다는 계획이었다. 황제법률학교 시절은 차이코프스키를 이해하는 데 매우 중요하다. 열 살 때 강제로 어머니와 떨어져 생활해야 했고, 설상가상으로 4년 뒤 어머니가 콜레라로 사망한다. 이것은 차이코프스키에게 치유하기 힘든 트라우마가 되었다.

인생에서 모성이 가장 필요한 시기에 모성과 강제 격리된 소년. 기숙법률학교는 남학생 전용. 한창 이성에 대한 호기심에 눈 뜰 사춘기에 주변에는 온통 사내아이들뿐. 여리고 예쁘게 생긴 소년은 동성애적 관심의 표적이 되었다. 이런 환경은 차이코프스키가 동성에 대한 관심을 갖게 되는 결정적 계기가 된다.

당시 유럽 상류층 가정에서는 남자 아이를 남학생 전용 기숙학교에 보내는 게 유행이었는데, 결과적으로 남학생 전용 기숙학교는 동성애의 산실 역할을 했다. 영국의 사립 명문 이튼스쿨 역시 남학생 전용 기숙학교. 이튼스쿨 출신 중에 동성애자가 특히 많은 것은 이런 환경에서 기인한다.

차이코프스키의 법률학교 생활 9년에서 주목할 부분은 소년이 음악과 운명적인 만남을 가졌다는 점이다. 소년은 미하일 글린카의 〈이반 수사닌〉 공연을 보고 감동을 받아 처음으로 음악가가 되겠다고 다

황제법률학교와 폰탄카 강. 연두색 돔 건물이 옛 법률학교이다.

짐하게 된다. 러시아 근대 음악의 원조로 불리는 글린카는 러시아 최초의 오페라 〈차르를 위한 삶〉을 작곡한 음악가이다.

소년 차이코프스키를 만나러 기숙법률학교로 가보자. 이곳은 찾아가기가 아주 쉽다. 학교는 여름정원과 폰탄카 강을 사이에 두고 사이좋게 마주보고 있다. 여름정원은 도스토예프스키가 다닌 육군공병학교 건물 바로 뒤쪽에 있다.

여름정원이 시작되는 지점에 유명한 다리가 있다. 이름이 길고 발음도 어려운 판텔레이모노프스키 다리. 페테르부르크는 강과 운하에 놓인 다리들이 아름답기로 유명한데, 이 다리는 그 중에서도 아름답기로 다섯 손가락 안에 든다. 이 다리 아래는 폰탄카 강과 모이카 강이 만나는 곳으로 여름철에는 크루즈가 수시로 교차한다. 크루즈가 교행(交行)하며 방향을 바꾸는 광경은 보는 것만으로도 즐겁다. 유명한 관광명소이니 반드시 구경할 것을 권한다.

연두색 돔을 정수리에 얹은 건물이 옛 법률학교. 한눈에도 두드러져 여간해선 놓치기 힘들다. 그 앞에 가보니 레닌그라드 지방법원이라는 현판이 붙어 있다. 법률학교가 있던 건물에 지방법원이 들어서 있는 걸 보니 생뚱맞지 않아 반가웠다. 현재 페테르부르크를 감싸고 있는 주가 바로 레닌그라드 주.

옛 법률학교 옆길이 차이코프스키 길이다.

건물 안을 둘러보고 싶었지만 들어갈 수가 없었다. 나는 폰탄카 강둑에서 주변을 살폈다. 강둑에서 행색이 허름한 중년 남자가 강물에 낚시를 던져놓고 찌를 응시하고 있었다. 맞은편 강둑에서는 아홉 살이나 열 살쯤 되어 보이는 소년이 근심 어린 얼굴을 강물에 비춰보고 있었다. 나는 이름 모를 소년의 모습에서 외로

움에 몸서리치는 차이코프스키를 발견했다. 페테르부르크는 지방법원 옆길을 '차이코프스키 길'로 명명했다. 나는 그 길을 따라 걸으며 소년에서 청년으로 변모해 가는 차이코프스키를 떠올렸다.

직업 음악가의 길

1859년 법률학교를 졸업한 차이코프스키는 아버지의 바람대로 법무성 공무원이 되었다. 음악에 대한 열망으로 가득 차 있던 그에게 법무성 공무원 생활은 지루하고 따분하기 짝이 없었다. 공무원 생활의 권태를 위로해 준 것은 음악밖에 없었다.

페테르부르크 최고의 피아니스트로 평가받던 안톤 루빈슈타인이 1860년 음악교실을 열었다. 루빈슈타인은 이 음악교실을 기반으로 1862년 페테르부르크 음악원을 설립했다.
차이코프스키는 1861년에 이 음악교실에 들어가 본격적인 음악 공부를 시작했다. 낮에는 법무성에서 일하고 퇴근 후 음악 공부를 했다. 이것은 프라하의 카프카가 산업재해 보험공단에 근무하며 밤에만 글을 쓴 것을 연상시킨다. 차이코프스키는 당시의 심경을 여동생 알렉산드라에게 보낸 편지에서 이렇게 쓰고 있다.

"지금 난 늦었든 빨랐든 음악의 길로 바꾸려는 확신을 가지고 있어. 대예술가가 되겠다고 생각하는 것은 아니야. 하늘이 명하는 내도 길어가고 싶을 뿐이야. 유명한 작곡

페테르부르크 음악원
설립자 안톤 루빈슈타인

가가 될 수 있을지, 아니면 가난한 음악 교사로 끝날지는 알 수 없어. 물론 내가 예술가로서 확신할 수 있을 때까지는 음악 공부를 그만두지 않을 생각이야."

공무원 생활과 음악을 병행한다는 것은 애당초 불가능했다. 하지만 아무 대책도 없이 음악가가 되겠다며 밥벌이를 때려치울 수도 없었다. 그는 음악원에서 자램바와 루빈슈타인에게 음악의 기초를 배웠다. 1863년 결국 공무원을 그만두고 음악 공부에 전념했고, 1865년 음악원을 졸업한다.

페테르부르크 음악원은 훗날 쇼스타코비치 등을 배출하는데, 현재는 '림스키 코르사코프 음악원'이다. 연극광장 한가운데에 있는 이 음악원은 마린스키 극장과 대로를 사이에 두고 마주 보고 있다. 림스키 코르사코프 음악원에 왔다면 한 사람을 만나고 가야 한다. 바로 니콜라이 림스키 코르사코프다.

림스키 코르사코프 음악원

왜 음악원 설립자인 안톤 루빈슈타인이 아닌 림스키 코르사코프의 이름을 붙였을까? 림스키 코르사코프가 이곳에서 장장 37년간 학생들을 가르치며 음악원을 세계 최정상급으로 끌어올려 놓은 것을 높이 평가했기 때문이다. 음악원 측은 건물 왼편에 그의 기념비를 세워놓았다. 오른편에는 미하일 글린카의 동상이 있다.

차이코프스키가 졸업하기만을 기다린 사람이 있었다. 안톤 루빈슈타인의 동생 니콜라이 루빈슈타인. 모스크바에 음악교실을 연 니콜라이는 형의 제자 중에서 당장 교사로 쓸 만한 사람을 물색했는데, 단연 차이코프스키가 눈에 들었다.

림스키 코르사코프 동상

차이코프스키는 이 제안을 거절할 이유가 없었다. 1866년 모스크바로 이사해 음악교실의 이론 교사로 부임한다. 음악원 친구 라로슈도 조금 늦게 같은 학교에 합류했다. 모스크바로 온 그해 차이코프스키는 제1번 교향곡 〈겨울날의 환상〉을 작곡한다.

1868년은 차이코프스키 음악 인생에서 매우 의미 깊은 해다. 그의 생애에 기록될 '최초'가 모두 이 해에 일어났다. 첫 번째 오페라 〈지방장관〉이 완성되었다. 제1번 교향곡 〈겨울날의 환상〉이 최초로 모스크바 무대에 올려졌다. 또한 최초로 지휘자로 무대에 섰다.

차이코프스키는 이 시기 러시아 5인조의 핵심 인물인 발라키레프와 교류를 시작했다. 러시아 민족주의 음악운동의 기수였던 러시아 5

민족주의운동을 이끈
작곡가 미하일 글린카

인조란 발라키레프, 무소르크스키, 알렉산드르 보로딘, 림스키 코르
사코프, 체자르 큐이를 말한다. 러시아 5인조는 음악을 비롯한 러시
아 예술이 표트르 대제의 개혁개방 정책으로 서유럽의 영향을 지나
치게 많이 받았다고 판단했고, 민족주의운동을 이끌었던 미하일 글
린카의 후계를 자임했다.

　이즈음 차이코프스키는 오페라 가수 데지레 아르토를 만나 사랑에
빠졌다. 그는 피아노곡 〈로망스〉를 작곡해 아르토에게 헌정하기까지
했다. 두 사람은 결혼을 약속했다. 오페라 가수와 신예 작곡가의 결합!
하지만 주변에서는 서로의 예술 활동에 지장을 준다며 걱정을 하는 사
람이 더 많았다. 니콜라이 루빈슈타인은 유명 오페라 가수인 부인을
따라다니다 보면 작곡가로서 아무 것도 할 수 없다며 결혼을 만류했
다. 주변의 모든 사람이 똑같은 말을 하자 그 역시 흔들렸다. 이를 알

아챈 아르토가 스페인의 바리톤 가수와 결혼하면서 두 사람의 언약은 없던 일이 되어버렸다.

1869년 차이코프스키는 환상서곡 〈로미오와 줄리엣〉을 완성했다. 셰익스피어의 원작에서 영감을 받아 쓴 곡이다. 그의 나이 스물아홉. 초연은 니콜라이 루빈슈타인의 지휘로 1870년에 올려졌다. 〈로미오와 줄리엣〉으로 차이코프스키는 비로소 작곡가로 이름을 알리게 되었고, 본격적인 직업 작곡가의 길을 걷기 시작했다.

이탈리아 북부의 작은 도시 베로나를 배경으로 전개되는 로미오와 줄리엣의 이루어질 수 없는 사랑. 몬태규 집안과 캐플릿 집안의 뿌리 깊고 격렬한 반목을 표현한 대목에서 이 곡은 절정을 이룬다. 차이코프스키의 〈로미오와 줄리엣〉을 듣다 보면, 진부한 스토리를 어떻게 이렇게까지 새롭게 해석해 낼 수 있을까 하는 생각이 든다.

이 곡에는 알려지지 않은 이야기가 숨어 있다. 음악원 교사 차이코프스키는 학생을 면접하다가 10대 소년 에두아르작에게 사랑을 느끼게 된다. 〈로미오와 줄리엣〉은 차이코프스키가 에두아르작을 사랑하면서 그 뜨거운 감정을 악보에 옮긴 연애시라는 견해도 있다. 하지만 에두아르작은 열아홉 살에 의문의 자살로 생을 마감한다. 에두아르작의 죽음이 동성애와 관련이 있는지는 밝혀진 바가 없지만 분명한 사실은 이로 인해 차이코프스키가 큰 충격을 받았다는 점이다.

차이코프스키는 나이 서른을 넘겼지만 결혼할 생각을 하지 않은 채 친구들과 어울리는 것을 좋아했다. 물론 그 친구들은 동성애 친구들이었다. 당시 페테르부르크의 상류층과 예술가들 사이에서는 동성애가 공공연하게 유행했다. 그러나 제정 러시아에서는 동성애를 질병으로 간주해 동성애 사실이 적발되면 시베리아 유형을 보냈다.

차이코프스키의 대표작들은 그가 마음껏 동성애를 즐기던 시기인

1875에서 1877년에 쏟아져 나왔다. 1875년 〈제1번 피아노협주곡〉과 〈제3번 교향곡〉, 1876년에 발레곡 〈백조의 호수〉가 각각 완성되었다.

차이코프스키의 약점은 리비도를 억누르지 못했다는 점이다. 한번 욕망이 꿈틀거리면 반드시 욕망을 충족시켜야만 했다. 그는 상대를 가리지 않고 하룻밤 상대를 찾아 거리를 배회하기도 했고, 홍등가를 주기적으로 드나들기도 했다. 모스크바, 파리, 뉴욕에서도 그는 남자 매춘부를 찾아 낯선 거리를 헤매곤 했다. 차이코프스키의 동성애 기질은 오스카 와일드나 메이너드 케인지의 그것과 흡사한 측면이 있다. 그러나 나이가 들고 작곡가로서 명성이 높아지면서 그에 비례해 두려움도 커졌다. 차이코프스키는 동성애 친구들이 이 사실을 숨기려 '위장 결혼'을 한다는 것을 알게 되었다.

후원자 폰 메크 부인

1876년 차이코프스키의 음악 인생에서 중요한 인물이 등장한다. 부호의 미망인인 나데주다 폰 메크였다. 마흔네 살의 폰 메크 부인은 철도 건설로 막대한 부를 축적한 남편과 사별했다. 음악 애호가였던 폰 메크는 자택에서 자주 하우스콘서트를 열었는데, 폰 메크의 집을 드나들던 음악가들 중에 차이코프스키의 제자 코체크가 있었다. 코체크는 차이코프스키에게 피아노 반주용 소품을 작곡해 달라고 부탁했고, 이에 차이코프스키는 피아노 반주용 소품 〈왈츠 스케르초〉를 써 주었다.

1876년 12월 30일 차이코프스키는 폰 메크 부인에게 감사의 편지를 받는다. "저의 부탁에 대해 이토록 신속히 작품을 써주신 점, 마음 속 깊이 감사드리고 있습니다."

코체크의 부탁은 폰 메크의 요청이었던 것이다. 폰 메크는 편지에 고액의 사례비를 동봉했고, 이와 함께 지속적으로 후원하고 싶다는 뜻을 밝혔다. 생각지도 못한 후원자가 나타났다. 모든 예술가가 꿈에 그리던 상황이 아닌가. 차이코프스키는 후원 제의를 받아들이겠다는 답신을 보냈다.

차이코프스키와 제자
코체크(왼쪽)

폰 메크는 차이코프스키에게 매년 6,000 루블을 연금 형식으로 지원했다. 음악 교사 생활을 하지 않고도 작곡에만 전념할 수 있는 돈이었다. 이후 차이코프스키 인생에서 폰 메크는 떼려야 뗄 수 없는 관계가 된다. 그는 무슨 일이 있을 때마다 폰 메크에게 편지를 썼다. 아무리 바빠도 일주일에 서너 통의 편지를 수년간 썼다. 음악가와 후원자의 관계는 1890년까지 장장 14년간 지속되었다.

흥미로운 점은 두 사람이 한 번도 만난 적이 없다는 사실이다. 전기 작가들은 왜 만나려 하지 않았는지에 주목했다. 후원자가 음악가보다 아홉 살 많다는 점도 작용했을 것이라는 해석도 있다. 연구자들은 다음과 같은 결론에 이르렀다. 편지 연애가 19세기에 유행한 연애 방식의 하나였고, 두 사람은 처음부터 만나지 않는다는 전제 하에 후원 관계를 시작했다는 것이다.

폰 메크의 등장으로 차이코프스키는 돈 걱정에서 해방되었다. 마음 놓고 작곡에 전념할 수 있었다. 다만 한 가지가 그를 불안하게 했다. 언제까지 결혼하지 않은 채 동성애에 탐닉할 수 있을까.

이때 차이코프스키는 의문의 여성으로부터 편지를 받는다. 펜 레

결혼식 직후의
차이코프스키와 밀류코바

터는 놀라운 일이 아니었다. 그는 이미 정상급 작곡가로 인정받고 있었기에 여성의 팬레터가 적지 않았다. 1877년 5월에 받은 편지는 이렇게 시작한다.

"당신에 대한 사랑으로 자살하고 싶을 정도입니다. 어서 제게 와주십시오."

그녀의 이름은 안토니나 밀류코바. 처음부터 유명 작곡가 차이코프스키의 부인이 되겠노라고 작정한 여성이었다. 동성애 사실이 탄로 날까봐 노심초사하던 시기에 적극적으로 구애하는 여성의 등장! 기막힌 타이밍이었다. 몇 번의 데이트 끝에 그는 밀류코바의 청혼을 받아들이게 된다. 물론 밀류코바는 차이코프스키의 섹슈얼리티를 알지 못했다. 차이코프스키는 자신이 동성애자라는 사실을 숨겼다. "결혼해서 오누이 관계처럼 지내자"는 말을 했을 뿐. 그러나 밀류코바는 이 말의 뜻을 알아차릴 까닭이 만무했다.

첫 편지를 받은 지 2개월 뒤인 7월 18일 두 사람은 모스크바의 교회에서 결혼식을 올리게 된다. 결혼 직후 차이코프스키는 신부와 함께 기차를 타고 페테르부르크로 가 아버지에게 인사시켰다. 결혼한 지 20여 일이 지났지만 그는 아내와 이런저런 핑계로 잠자리를 피했다. 아내는 사랑을 갈구하고 남편은 그런 아내를 멀리하는 기이한 관계가 한 지붕 아래에서 전개되었다. 아내는 영문도 모른 채 자신을 피하는 남편 때문에 괴로워했고, 남편 역시 아내에게 아무런 욕구를 느끼지 못하는 상황에 고통스러워했다.

결혼한 지 20일이 지났을 때 차이코프스키는 폰 메크 부인에게 1,000루블을 빌려 아무 말 없이 여행을 떠났다. 한 공간에서는 아내를 피할 방법이 없자 선택한 도피 여행이었다. 얼마 후 모스크바로 돌아왔지만 상황은 나아지지 않았다. 급기야 그는 모스크바 강에 몸을 던졌다. 천만다행으로 자살 기도는 실패로 끝났다. 주변에서는 두 사람이 결혼생활을 끌면 끌수록 서로에게 불행해진다는 것을 깨달았다. 결국 두 사람은 결혼은 했으나 결혼생활을 하지 않은, 이상한 혼인관계에 종지부를 찍는다.

예술가의 모든 창작은 마음의 상태를 반영한다. 행복하면 행복한 대로, 불행하면 또 불행한 대로 심상(心象)의 떨림이 작품에 스며든다. 차이코프스키가 폰 메크 부인에게서 뜻밖의 후원 약속을 받고 마음이 편한 상태에서 작곡을 시작한 작품이 〈제4번 교향곡〉, 오페라 〈예프게니 오네긴〉 등이다. 차이코프스키는 1877년 5월 폰 메크 부인에게 보낸 편지에서 새 교향곡을 쓰고 있다는 사실을 알린다.

"저는 이 작품을 당신께 바치고 싶습니다. 작품 안에 당신의 가장 친밀한 생각과 느낌이 반영되어 있다는 것을 당신께서는 틀림없이 발견할 수 있을 것입니다."

이 편지를 보낸 직후, 생각지도 못한 밀류코바라는 여인이 등장하게 된다. 그녀와의 이상한 결혼으로 괴로워하던 시기의 심리 상태 또한 이 작품에 반영되었다.

〈제4번 교향곡〉은 가장 변화무쌍하고 정열적인 곡으로 평가받는다. 사랑하지도 않고, 또 잘 알지도 못하는 여자와 덜컥 결혼한 뒤 운명의 소용돌이에 휘말리게 된 작곡가. 이런 운명에 맞서는 한 남자. 차이코프스키는 제자 작곡가에게 쓴 편지에서 이렇게 말한다.

"〈제4번 교향곡〉의 하나의 마디라도 내가 진정으로 느낀 것을 나타내고 있지 않은 것이 없고, 또한 내 마음의 숨겨진 심연을 반영하고 있지 않은 것은 없다."

〈백조의 호수〉에 쏟아진 혹평

불멸의 천재는, 다른 말로 하면 위대한 혁신가를 의미한다. 혁신가는 창조적 파괴를 통해 기존에 없던 다른 세계를 창조해 내는 사람이다. 당연히 그 과정에서 창조적 파괴의 대상이 되는 소수 기득권자의 반발과 미움을 산다. 천재의 경지를 감히 이해하지 못하는 범재(凡才)들은 이들에 편승해 천재를 타매한다. 그러나 일정한 시간이 지나면 이 창조적 발견은 대다수에게 깨달음이나 행복을 선사하면서 범인(凡人)을 과거와는 다른 새로운 세계로 인도한다. 후세의 평자는 이런 불멸의 천재를 가리켜, 흔히 이런 식의 비유를 동원한다. "세계는 그 이전과 그 이후로 나뉜다." 발레의 세계에서 차이코프스키가 그렇다.

음악사에서 차이코프스키의 업적을 논할 때 발레를 빼놓고는 이야기할 수 없다. 적어도 발레의 세계에서 볼 때, 발레는 차이코프스키 이전과 이후로 구분된다. 발레의 특징은 언어를 사용하지 않고 무용으로 미의 세계를 추구하며 주제를 표현하는 예술이다. 언어의 장애가 없다는 것이 발레가 시공을 초월해 대중의 사랑을 받는 결정적인 이유다.

알려진 대로, 발레는 15세기 프랑스 부르봉 왕조 시대에 탄생해 발전해 왔다. 발레에서 두 사람이 추는 춤을 가리키는 '파드되(Pas de Deux)', 발레에서 추는 일련의 무용을 뜻하는 '디베르티스망(Divertissement)' 등과 같은 발레 용어가 프랑스 어로 되어 있다는 점이 이를 증명한다. 프랑스에서 발레가 전성기를 구가할 때 이탈리아에서는 오페라가 유행했다. 이런 서유럽의 공연예술 흐름이 러시아에도 그대로 수용되었다. 당시 발레는 독립된 장르가 아닌 음악극의 레퍼토리 중 하나로 간주되었다. 이마저도 무용수가 중심이었으며 발레음악은 무용수에 종속되어 있었다.

차이코프스키

발레의 발원지는 프랑스지만 지금 우리는 누구도 발레 하면 프랑스를 연상하지 않는다. 발레 하면 러시아다. 왜 그럴까? 차이코프스키 덕분이다. 러시아 고전주의 발레의 최고봉으로 평가받는 3대 발레 〈백조의 호수〉, 〈잠자는 숲속의 공주〉, 〈호두까기 인형〉이 모두 차이코프스키의 작품이다.

차이코프스키가 첫 번째 발레음악 〈백조의 호수〉를 작곡한 것은 1876년이었다. 초연은 1877년 3월 모스크바 황실 볼쇼이 극장에서 무대에 올려졌지만 혹평이 쏟아졌다. 지금 생각하면 의아하게 들리겠지만 그땐 그랬다. 이유는 간단했다. 관객 대다수에게 〈백조의 호수〉는 귀에 익숙한 발레음악과 달랐기 때문이었다. 사람은 익숙한 것과 다르면 일단 거부반응을 보이는 습성이 있다. 차이코프스키 이전의 발레음악은 안무를 따라가는 단순하고 우아한 춤곡이었던 반면 〈백조의 호수〉는 음악이 주제를 리드하며 안무를 종속적인 것으로 만들어버렸다.

차이코프스키는 왜 〈백조의 호수〉를 썼을까? 여기서 그가 발레음악에 관여하게 된 과정을 조금 들여다보자. 여러 가지 해석이 존재하지만 크게 네 가지로 압축할 수 있다. 첫 번째 이유는 오페라와 발레가 인기가 있어 잘만 하면 금방 돈을 벌 수 있다고 판단했기 때문이다.

두 번째는 차이코프스키가 춤곡에 대한 자신감이 있었다는 분석이나. 림스키 코르사코프 음악원을 졸업하던 해에 작곡한 춤곡이 〈하인들의 춤〉이었다. 그런데 마침 페테르부르크에 공연 온 '왈츠의 황제' 요한 슈트라우스 2세가 이 춤곡을 우연히 듣게 되었다. 슈트라우스 2세는 직접 야외연주회에서 무명 작곡가의 춤곡을 지휘해 호평을 받았다. 이런 기억이 차이코프스키에게 긍정적으로 작용했을 것이라는 추측이다.

세 번째는 차이코프스키가 어려서부터 러시아 윤무(輪舞)의 일종인 코로바드에 깊은 관심을 보였다는 점이다. 일찍부터 춤곡의 특징을 내면화한 그는 인생을 긍정적으로 그리는 발레라는 장르가 마음에 들었다는 해석이다.

마지막으로 덧붙일 수 있는 것은 가정환경이다. 차이코프스키의 여동생 알렉산드라가 시집간 다비도프 집안에서는 조카들이 중심이 되어 가정음악회를 자주 열었다. 차이코프스키는 이 가정음악회에 자주 초청되었고, 갈 때마다 고모부로서 어린이용 발레곡을 쓰곤 했다. 이때 쓴 발레곡의 일부가 〈백조의 호수〉와 〈잠자는 숲속의 공주〉에서 변용되어 삽입되었다는 것이다.

차이코프스키는 발레음악에 대한 이 같은 자신감에서 〈백조의 호수〉를 썼다. 하지만 첫 발레음악에 대한 평가는 가혹했다. 이것이 작곡가에게 얼마나 커다란 충격을 주었던지, 그는 이후 13년간 발레곡을 쓰지 않았다. 두 번째 발레음악은 1889년에 탄생한 〈잠자는 숲속의 공주〉. 다시는 발레음악을 쓰지 않겠다던 차이코프스키의 다짐이 얼마나 굳세었는지를 알 수 있다.

모든 예술가는 영감을 받을 수 있는 환경을 갈망한다. 1880년대 중반, 차이코프스키는 명성도 얻었고 돈 걱정도 없었다. 그는 모스크바 북서쪽 방향에 있는 클린 시 외곽의 마이다노보에 집을 샀다. 클린 시는 페테르부르크로 가는 도로 M10에 위치한 도시.

모스크바 북서쪽 클린 시에 있는 차이코프스키 의 집

클린의 집에서 차이코프스키는 행복한 나날을 보냈다. 재미있는 사실은 그가 영어 공부에 집중했다는 점이다. 러시아 어로 번역된 영문학 작품을 많이 접한 그였지만 찰스 디킨스의 소설을 원서로 읽고 싶다는 욕망이 강했다. 그는 가족들에게 영어로 편지를 쓰기도 했다. 클린의 집에서 〈만프레드 교향곡〉이 탄생했다.

1886년에는 파리를 방문해 동생 집에서 한 달간 지내기도 했다. 1887년 러시아 공연이 크게 성공하자 그는 유럽으로부터 순회공연 요청을 받는다. 최초의 순회공연을 한 도시는 라이프치히, 함부르크, 베를린, 프라하, 파리, 런던이었다. 순회공연을 하면서 그는 이름으로만 듣던 브람스, 드보르자크, 리하르트 슈트라우스, 리스트 등을 만났다. 런던 체류 기간 동안 그는 독학한 영어 회화를 실전에 써보며 즐거워했다. 베를린에서 열린 자신을 위한 환영 만찬에서는 뜻밖의 인물을 만나기도 했다. 과거 약혼한 적이 있는 오페라 가수 데지레 아르토였다.

1888년 11월, 차이코프스키는 페테르부르크에서 〈햄릿〉과 〈제5번 교향곡〉을 초연했다. 관객은 환호했지만 일부 비평가들은 신랄했다. 특히 오랫동안 차이코프스키와 앙숙이었던 체자르 큐이가 "독창성도 개성도 없으며 뻔한 전개에 소음만이 두드러진다"고 혹평했다. 다행스러운 것은 차이코프스키가 이런 악의에 찬 비평을 듣지 못하고 프라하로 공연여행을 떠났다는 점이다. 프라하에서 〈제5번 교향곡〉과 〈예프게니 오네긴〉 공연을 성황리에 마친 뒤 그는 기분 좋게 페테르부르크로 돌아와 뒤늦게 체자르 큐이의 신랄한 비난을 읽게 된다. 이에 크게 낙심하고 있을 때 프라하에서 날아온 뜻밖의 편지를 받고 다시 용기를 얻었다. 편지의 발신인은 드보르자크였다.

"친애하는 친구에게.

최근에 만났을 때 당신의 오페라 〈예프게니 오네긴〉에 대해 편지를 쓰겠다고 약속했었지요. 이제 쓰게 되어 감격스럽습니다. 당신이 편지를 써달라고 했기 때문이 아니라 당신 작품을 들으며 느낀 기분을 표현하고 싶은 마음이 가득하기 때문입니다. 기꺼이 고백하건대, 저는 당신의 오페라에서 깊은 감명을 받았습니다. 진정한 예술 작품에서만 받게 되는 감명 말입니다. 당신의 작품 중에서 〈예프게니 오네긴〉만큼 즐거웠던 작품은 없었다고 자신 있게 말할 수 있습니다. 이토록 경이로운 작품을 쓰셨다니 축하드립니다. 신이시여, 당신이 이런 작품을 많이 쓰게 해주소서."

3대 발레음악의 탄생

〈잠자는 숲속의 공주〉의 초연은 1890년 1월, 페테르부르크 황실 마린스키 극장에서 막이 올랐다. 여기서 기억해 두어야 할 인물이 마린스키 극장 감독관 이반 우세볼로주스키. 그는 프랑스 대사관에서 근무한 경력이 있는 전직 외교관으로 예술적 소양이 풍부한 사람이었다. 그는 극장 감독관으로 취임한 직후 러시아 발레의 개혁을 단행했다. 러시아 발레가 3류를 벗어나지 못하는 것은 조잡하고 안이한 음악에 원인이 있다고 판단했다. 그는 가장 먼저 종신직 발레 작곡가 레온 민스크를 해고했다. 민스크가 발레 작곡가의 자리를 지키고 있는 한 신진 작곡가가 마린스키 극장에 들어올 수 없다고 생각한 것이다.

우세볼로주스키는 1886년 11월, 신작 대본을 준비해 오래전부터 눈여겨본 차이코프스키에게 작곡을 의뢰했다. 그러나 차이코프스키는 대본이 마음에 들지 않는다는 이유로 이를 거절했다. 우세볼로주스키는 2년 뒤에 다시 대본을 보내 작곡을 부탁하게 된다. 그가 차이코프스키에게 보낸 의뢰장을 읽어보자.

"이번 대본은 결코 나쁘지 않다고 확신합니다. 이 대본으로 당신이 발레를 작곡해 주기를 바랍니다. 저는 페로의 동화 〈잠자는 숲속의 공주〉를 대본으로 썼습니다. 이 작품의 시대적 배경을 루이 14세의 스타일로 하여, 장치는 뮤지컬 환타지풍으로, 음악적인 색채는 륄리나 라모의 궁정발레 양식을 채용해 주시기를 바랍니다."

이에 차이코프스키는 다음과 같은 답장을 보낸다.

"저는 지금 대단히 바쁜 와중에 있습니다. 그러나 귀하의 의뢰를 수락할 수밖에 없군요. 대본은 잘 보았습니다. 이 발레는 형언할 수 없이 저를 매혹하고 열광시키고 있다는 것을 솔직히 말씀드리지 않을 수 없습니다. 아이디어가 계속 떠오르고 있습니다. 기대에 어긋나지 않도록 훌륭한 작품을 만들고 싶습니다. 지금은 그 외에 아무 것도 생각하고 있지 않습니다."

물론 〈잠자는 숲속의 공주〉 발레는 차이코프스키 이전에도 있었다. 처초의 발레는 1829년 프랑스 파리 오페라극장에서 막이 올랐다. 그러나 지금 우리가 기억하는 것은 차이코프스키의 〈잠자는 숲속의 공주〉뿐이다. 안무는 마린스키 극장의 발레 마스터 프티파가 맡았다.

1889년 9월 〈잠자는 숲속의 공주〉가 완성되었고, 이듬해 1월 15일 마린스키 극장에서 첫 공연을 했다. 역사적인 초연에 차르 알렉산드르 3세가 로열박스에 앉았다. 차이코프스키의 신작 발레에 대한 비평가들의 반응은 냉랭했지만 우세볼로주스키는 달랐다. 극장 감독관 우세볼로주스키는 그날 일기에 이렇게 썼다.

"악곡은 아름다운 선율이 넘쳐흘러, 눈부신 은빛의 부드러움과 화사한 분위기를 띠고 있다. 마치 요정의 세계로 끌려들어간 것처럼 보였다. 그러나 청중은 그것만으로는 만족하지 못했다."

차이코프스키는 화가 치밀었지만 어쩔 수 없는 일. 초연 당시는 이런 차가운 시선을 받았지만 지금 〈잠자는 숲속의 공주〉는 클래식 발레의 최고봉이라는 평가를 받는다. 우세볼로주스키, 차이코프스키, 프티

마린스키 극장 전경

파 3인의 협력에 의해 가장 호화로운 발레 작품이 탄생할 수 있었다.

〈잠자는 숲속의 공주〉가 초연된 마린스키 극장으로 가보자. 마린스키 극장은 어느 지하철 역으로부터도 가깝지 않다. 시간 여유가 있다면 5호선 사도바야 역에서 내려 그리보예도프 운하길을 따라 걸어보자. 도스토예프스키가 수없이 걸었던 그 운하길 말이다. 10여 분 걸으면 길이 낙타 등처럼 불룩 솟아오른 지점과 만나는데, 이곳이 연극광장과 연결되어 있다.

마린스키 극장은 1860년에 세워진 그대로 거기에 서 있다. 에메랄드 빛 외벽은 세월의 비바람 속에 조금은 빛바랜 느낌을 준다. 늘 반드르르한 새것을 좋아하는 사람이라면 낡고 구질구질하게 보일 수도 있겠다. 파사드의 출입구는 세 곳. 나무로 된 문은 손때가 묻어 반질반질하다. 발레와 오페라를 사랑하는 얼마나 많은 사람들이 이 문을 드나들었을까. 마린스키 발레단은 볼쇼이 발레단과 함께 오랜 세월 러시아 발레의 대명사였다.

　공연 프로듀서 겸 발레 평론가 세르게이 디아길레프. 그는 발레단 '러시아 발레(The Ballet Russes)'를 조직해 서유럽에서 선풍적인 인기를 끌며 한 시대를 풍미했다. 디아길레프는 바로 마린스키 발레단에서 무용수를 뽑아 썼다. 전설적인 발레리노 루돌프 누레예프는 바로 마린스키 극장에서 데뷔해 세계적인 명성을 얻었다.

　페테르부르크에서 활동한 음악가들의 오페라 초연 무대도 대부분 마린스키 극장이었다. 무소르크스키의 〈보리스 고두노프〉, 차이코프스키의 〈스페이드의 여왕〉, 쇼스타코비치의 〈므첸스크의 멕베스 부인〉 등. 음악가라면 누구나 마린스키 극장에서 초연 공연을 하고 싶어 했다. 마린스키 극장 무대에서 초연한다는 것은 곧 최정상 음악가라는 뜻이었다.

　1890년은 차이코프스키 인생에서 혼돈의 시기였다. 1876년부터 시작된 폰 메크 부인의 후원이 특별한 이유 없이 중단되었기 때문이다. 그와 동시에 폰 메크와의 편지 교환도 끝이 났다. 그는 이 사실을 받아들이기 싫었지만 어쩔 도리가 없었다. 그나마 다행스러운 것은 폰 메크와의 절연이 작곡에까지 영향을 주지는 않았다는 사실이다. 폰 메

차이코프스키의 오페라 〈스페이드의 여왕〉 초연을 위해 무대장치로 만든 겨울 운하

크는 후원자였지 뮤즈는 아니었다.

마지막으로 살펴볼 발레음악이 〈호두까기 인형〉이다. 이반 우세볼로주스키는 또다시 차이코프스키에게 발레곡을 의뢰했다. 우세볼로주스키는 대단한 뚝심을 지닌 인물이었다. 앞서 〈잠자는 숲속의 공주〉의 '실패'에도 불구하고 또다시 차이코프스키에게 발레음악을 의뢰했으니 말이다. 이번 작품은 독일 작가 호프만이 쓴 동화 《호두까기 인형과 생쥐 왕》을 프랑스 작가 알레상드르 뒤마 피스가 번안 각색한 〈호두까기 인형〉이었다. 이를 다시 마린스키 극장 수석 안무사인 프티파가 2막 3장의 발레로 재구성했다. 〈호두까기 인형〉은 1892년 12월 마린스키 극장에서 초연되었다.

그러나 〈호두까기 인형〉 역시 전체적으로는 호평을 받지 못했다. 앞서의 두 번과 달라진 점이 있다면 음악에 대한 평가는 좋았다는 것이다. 특히 클래식 발레의 최대 볼거리인 그랑파드되(Grand Pas de Deux, 고전 발레에서 주역인 발레리나와 그 상대역이 함께 춤추는 것을 말한다)의 안무와 음악은 좋은 평가를 얻었다. 사탕요정과 호두까기 인형의 왕자가 춤을 추는 장면, 클라라와 호두까기 인형의 왕자가 함께 춤을 추는 장면이 그랑파드되로 연출되었다. 초연 후 〈호두까기 인형〉의 그랑파드되는 인기를 얻어 별도의 단독 콘서트로 초대되기도 했다.

〈호두까기 인형〉의 또 다른 볼거리는 디베르티스망에 있다. 발레 속에 들어가는 짧은 춤의 향연에는 세계 각국의 춤이 아주 짤막하게 맛보기 형태로 나온다. 스페인 무용의 볼레로, 아라비아 무용의 코모도, 러시아 농민 춤 트레파크, 중국 춤 등이 등장한다.

〈호두까기 인형〉은 매년 12월 크리스마스 시즌이 되면 세계에서 공연된다. 제임스 배리의 연극 〈피터팬〉, 훔퍼딩크의 오페라 〈헨젤과 그레텔〉과 함께 크리스마스 시즌의 단골 레퍼터리로 자리를 굳혔다.

〈잠자는 숲속의 공주〉와 〈호두까기 인형〉은 위대한 작곡가를 알아본 우세볼로주스키가 없었다면 태어나지 못했을 것이다. 황실 마린스키 극장은 감독관 자리를 우세볼로주스키에게 장장 18년이나 맡게 했다. 만일 〈잠자는 숲속의 공주〉의 평가가 좋지 않았다고 해서 감독관을 교체했다고 생각해 보라. 마린스키 극장 감독관직을 '정치적 자리'로 여겼다면 18년 장수는 생각할 수도 없었다. 그랬다면 클래식 발레의 3대 명곡은 탄생하지 못했을지도 모른다.

〈비창〉 탄생 9일 만에

차이코프스키는 1888년 〈제5번 교향곡〉을 발표했다. 1878년 〈제4번 교향곡〉 이후 꼭 10년 만이다. 두 교향곡으로 차이코프스키는 서유럽에서도 인기 작곡가 반열에 올라섰다. 〈제5번 교향곡〉의 성공 이후 그는 유럽 여행을 떠났다. 이탈리아, 스위스를 포함해 유럽 대부분의 국가를 여행했다. 여행 중에 에드바르 그리그, 구스타프 말러, 슈트라우스 등과 교유했다.

어느 날, 차이코프스키는 일기에 이렇게 썼다. "나 자신의 창작의 최후를 장식하는 듯한 웅장한 교향곡을 쓰고 싶다는 욕망에 사로잡혀 있다."

1890년에는 생애 처음으로 신대륙 미국도 여행했다. 뉴욕을 비롯해 미국 동부 주요 도시에서 공연을 했고 나이아가라 폭포도 둘러보았다. 앤드류 카네기가 거액을 기부해 세워진 카네기홀이 개관하던 날 차이코프스키는 개관 기념 공연을 했다.

1893년 초 차이코프스키는 더할 나위 없이 행복했다. 그는 클린의 자택에서 조카 다비도프와 함께 지내며 모든 고통과 고뇌에서 벗어난 자유를 만끽했다. 이때 페테르부르크의 동생 아나트리 앞으로 쓴 편지가 있다.

"나는 지금 신곡을 쓰는 일에 몰두하고 있다. 이 일을 멈출 수는 없어. 이 곡은 틀림 없이 내 최고의 작품이 될 거야. 하지만 나는 얼마 안 되어 런던에 가야 하기 때문에 그 전에 여러 가지 일을 정리해 두지 않으면 안 되고, 따라서 이 곡도 서둘러 완성해야 해. 교향곡을 하나 완성했다가 나중에 마음에 안 들어 파기해 버렸다는 이야기를 너에게 한 적이 있지? 이번에 만든 곡은 절대 없애지 않을 거야."

새 교향곡은 1892년 12월, 파리 여행 중 영감이 떠올라 구상하기 시작했다. 차이코

차이코프스키와 조카 다비도프(오른쪽)

프스키는 이 곡을 머릿속으로 작곡하면서 여러 차례 눈물을 흘리기도 했다. 러시아로 돌아온 뒤 곡을 쓰기 시작했지만 생각만큼 곡이 써지지 않았다. 결국 새 교향곡이 완성된 것은 1893년 8월 말. 차이코프스키는 새 교향곡에 대해 "내 일생에서 가장 좋은 곡"이라고 평하며 흡족해했다. 이 곡은 조카 다비도프에게 헌정되었다. 〈백조의 호수〉와 함께 가장 널리 알려져 있는 이 곡이 바로 6번 교향곡 〈비창(Pathetique)〉이다.

초연은 1893년 10월 28일 귀족회의 클럽 콘서트홀에서 차이코프스키의 지휘로 막을 올렸다. 물론 초연 당시 〈비창〉이라는 제목이 붙은 것은 아니었다. 초연 다음날인 10월 29일 차이코프스키는 말라야 모르스카야 거리의 집에서 동생 모데스트와 머리를 맞댔다. 그냥 '제6번 교향곡'이라고 하는 게 뭔가 마뜩치 않아서였다. 이 말을 듣고 모데

차이코프스키의 동생
모데스트

스트는 "파테티체스키(비창)가 어떠냐"고 물었다. 차이코프스키는 "좋아. 모디. 브라보. '비창'이야"라고 화답했다. 10월 30일 유르겐손 출판사로 보낸 편지에서 그는 6번 교향곡의 제목을 〈비창〉으로 명기해 달라고 요청했다.

차이코프스키는 최후의 교향곡 〈비창〉을 작곡한 뒤 이런 말을 남겼다. "나는 내 영혼을 모조리 이 교향곡에 쏟아부었다. 수수께끼로 들릴 것이고 사람들은 저마다 해석할 것이다. 다양한 의견이 나올 것이다. 오직 신만이 처벌하고 응징하라."

〈비창〉이 주목받는 까닭은 또 있다. 멀쩡하던 차이코프스키가 11월 6일에 급사했기 때문이다. 10월 28일에 〈비창〉이 초연된 후 불과 9일 만이었다. 왕진 온 의사들은 사망 원인을 콜레라라고 진단했다.

차이코프스키의 갑작스런 죽음을 떠올리며 다시 〈비창〉을 감상해 보자. 특히 제4악장을 들어보자. 아다지오 라멘토소 b단조 3/4박자. 일반적인 교향곡과는 확연히 차이가 난다. 대부분의 교향곡은 마지막 장(4악장)이 빠르고 장엄한데, 〈비창〉의 4악장은 처음부터 끝까지 무겁고 어두운 색조다. 마치 레퀴엠(진혼곡)을 듣는 것처럼. 비통, 비탄, 애절, 애상, 애원, 고통, 고뇌, 절망, 종말.

죽음에는, 생명이 존재할 때 조명받지 못하던 것을 부활시키는 힘이 있다. 차이코프스키가 급사하자 러시아 사람들은 충격에 빠졌다. 러시아 정부는 페테르부르크 마린스키 극장에서 11월 18일 추도 연주회를 열기로 했다.

마린스키 극장의 안무가 프티파는 추도 연주회 레퍼토리를 놓고 고민했다. 프티파는 가장 먼저 〈백조의 호수〉를 떠올렸다. 〈백조의 호수〉가 1877년 모스크바 황실 볼쇼이 극장에서 초연 후 혹평과 함께 악보가 전해지지 않았다는 것을 알았다. 프티파는 모스크바로 가서 볼쇼이 극장 측에 〈백조의 호수〉 총보를 보여달라고 요청했다. 그는 이때 처음 차이코프스키 서재에서 먼지가 켜켜이 쌓여 있는 〈백조의 호수〉 총보와 대면했다. 총보를 차근차근 살펴본 프티파는 〈백조의 호수〉가 탁월한 작품이라는 것을 알았다.

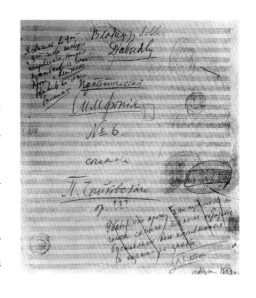

조카 다비도프에게 헌정한 6번 교향곡 〈비창〉의 악보 속표지. 차이코프스키가 직접 썼다.

페테르부르크로 돌아온 프티파는 마린스키 극장 감독관 우세볼로주스키에게 〈백조의 호수〉를 추도 공연작으로 올리자고 건의했다. 우세볼로주스키가 누군가. 대본과 곡의 일부를 손본 뒤 우선 2막을 추도 공연에 올렸다. 〈백조의 호수〉는 청중의 뜨거운 호응을 얻었다. 자신감을 얻은 우세볼로주스키는 1895년 3월 1일 〈백조의 호수〉 전막을 무대에 올렸고, 관객들은 마린스키 극장이 떠나갈 듯 기립박수를 쳤다. 〈백조의 호수〉가 태어난 지 18년 만에 빛을 보는 순간이었다. 〈백조의 호수〉는 작곡가의 죽음과 함께 기적적으로 부활해 "19세기 러시아 발레가 남긴 위대한 유산" 이라는 평가를 받게 된다.

수상쩍은 죽음

차이코프스키의 죽음은 미스터리다. 1893년 11월 6일 사망 이후 수많은 연구자와 전기작가들이 의심쩍은 죽음의 진실을 밝혀내려 노력해왔다. 그럼에도 진실을 규명하는 데는 실패하고 말았다. BBC 방송은 1996년 차이코프스키 3부작 다큐드라마 '차이코프스키, 음악 천재의

비극적 인생'을 방영했다. 이 대작 다큐드라마의 제3부가 그의 죽음에 집중하고 있다.

먼저 시간을 거슬러 1893년 11월의 상황으로 가보자. 11월 1일 차이코프스키는 극작가인 동생 모데스트와 페테르부르크 중심가의 식당에서 저녁을 먹었다. 건강상 아무런 문제가 없던 차이코프스키가 동생의 집에서 발병한 것은 11월 2일. 자신이 지휘한 6번 교향곡 〈비창〉이 대성공을 거둔 지 5일 뒤였다. 그리고 발병 나흘 뒤 숨을 거둔다.

차이코프스키가 눈을 감은 아파트는 말라야 모르스카야 거리 13번지에 있다. 차이코프스키는 이 아파트 꼭대기층에서 이승과 작별을 고했다. 동생 모데스트는 형이 죽은 후 최초의 차이코프스키 전기를 쓴다.

말라야 모르스카야 13번지 집과 플라크

인생이 아무리 한치 앞을 예상할 수 없다고 하지만 그의 죽음은 어딘가 석연치 않은 구석이 너무 많다. 모든 게 속전속결이다. 당국은 끓인 물을 마시지 않고 수도꼭지에서 받은 물을 그대로 마신 게 콜레라에 감염된 원인이었다고 공식 발표했다. 풀어 쓰면, 차이코프스키가 실수로 끓이지 않은 물을 마셨고, 이것이 콜레라를 일으켰다는 얘기다.

일단 당국이 발표한 대로 콜레라에 의한 사망이라고 가정해 보자.

콜레라는 예나 지금이나 수인성(水因性) 전염병. 콜레라는 위생 상태가 불결한 환경에서 발생한다. 이 말은 콜레라가 하층 계급에서 흔히 발생하는 전염병이라는 뜻이다. 그렇다면 당시의 차이코프스키는? 러시아 인이 최고로 숭상하는 음악가였다. 폰 메크 부인의 후원이 끊긴 상태였지만 경제적으로도 풍족했다. 특히 열네 살 때 어머니를 콜레라로 잃은 그였기에 콜레라 트라우마가 있었다. 발병 시점을 전후해 도시에서 콜레라 발생이 보고되지도 않았다. 콜레라가 차이코프스키 한 사람에게만 표적 감염되었다! 최상류층의 생활을 하던 그가 느닷없이 하층민에게 자주 발병하는 콜레라에 감염되었다니!

또한 모든 전염병은 잠복기가 있다. 그런데 차이코프스키는 생수를 마신 다음날 콜레라 증세가 나타났다. '콜레라'로 쓰러진 사흘간 그의 집에는 수많은 지인들이 병문안을 왔다. 콜레라가 발생하면 전염을 예방하기 위해 환자를 격리하는 게 보통인데, 당국은 차이코프스키를 격리하지 않았다. 실제로 그의 집에서 관이 나가는 흑백 사진을 보면 사람들이 아무렇지도 않다는 듯 관 주위를 에워싸고 있다.

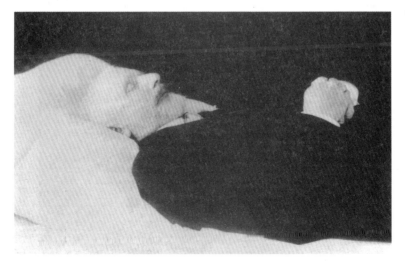

임종 직후의 모습

    11월 6일 사망한 직후 차이코프스키의 장례식은 사흘간 황제장으로 치러졌다. 시신은 카잔 대성당에 사흘 동안 안치되었고, 그 기간 동안 8,000여 명의 조문객이 그의 마지막 모습을 보았다. 운구 행렬이 카잔 대성당에서 알렉산드르 네프스키 묘지로 이동하는 동안 6만여 명의 시민이 거리를 메웠다.

    장례식이 치러진 카잔 대성당으로 가보자. 네프스키 대로에서 카잔 대성당은 이방인을 감탄케 하는 대표적인 볼거리. 2호선 네프스키 대로역을 나오면 바로 카잔 대성당이 위용을 뽐내며 기다리고 있다.

    카잔 대성당 왼쪽은 그리보예도프 운하. 성당을 등지고 운하를 바라보면 그리스도 부활 성당('피의 사원'이라고도 한다)이 보인다. 카잔 대성당과 그리스도 부활 성당 구간이 네프스키 대로에서 여행객이 가장 많이 몰리는 곳이다. 특히 여름철 그리스도 부활 성당 앞은 언제나 관광객들로 북적거리는데, 이들을 노리는 소매치기도 서성거린다는

카잔 대성당의 야경

사실을 잊지 말도록.

카잔 대성당은 차이코프스키의 마지막 체취를 느껴볼 수 있는 곳일 뿐 아니라 건축사나 전쟁사 측면에서도 반드시 가볼 만한 곳이다. 모든 건축물이 다 그렇지만 카잔 대성당은 원경(遠景)과 근경(近景)을 함께 감상해야 한다. 원경을 감상하는 최적의 장소는 어디일까. 네프스키 대로의 싱거하우스다.

싱거하우스는 1902~1904년에 지어졌다. 현재 싱거하우스는 1~2층이 서점, 2층은 카페로 운영된다. 카잔 대성당 원경을 가장 멋지게 볼 수 있는 곳은 바로 싱거하우스 2층의 싱거 카페다. 워낙

카잔 대성당 앞의 쿠투조프 장군 동상

전망이 기막히다 보니 카페는 늘 붐빈다. 줄을 서서라도 이 카페에 앉아 카잔 대성당을 감상할 수 있다면 행운이다. 카잔 대성당은 파벨 1세 시절인 1801~1811년에 건축되었다. 코린트 식 열주(列柱)가 직선이 아닌 곡선의 미학으로 구현된 곳이다. 열주는 아치를 만들며 장장 110미터를 이어진다. 대성당 내부 역시 러시아 정교의 화려함을 과시한다.

카잔 대성당이 완공된 다음해에 나폴레옹 대군이 러시아를 침공했다. 당시 야전사령관이었던 미하일 쿠투조프는 파죽지세로 몰려오는 나폴레옹 군대를 격파할 묘책을 생각해 냈다. 그것은 모스크바 시민을 소개(疏開)하는 전략이었다. 나폴레옹 군대가 모스크바에 무혈 입성했을 때 도시는 텅 비었다. 침략군이 얼마나 황당했을까? 이 놀라운

전략으로 러시아는 피 한 방울 흘리지 않고 침략군을 물리쳤다. 쿠투조프는 대(對)나폴레옹 전쟁의 영웅으로 떠올랐다. 쿠투조프가 죽자 러시아는 카잔 대성당의 북쪽 예배당에 그의 시신을 안치했다. 대성당의 아치형 열주 양쪽에는 대나폴레옹 전쟁의 영웅 두 사람의 동상이 세워져 있다. 왼쪽은 쿠투조프이고, 오른쪽은 '미하일 바클레이 드 톨리.' 이런 카잔 대성당에서 황제장으로 장례식이 치러졌다는 사실! 당시 러시아가 차이코프스키를 어떻게 생각하고 있었는지를 잘 보여준다. 차이코프스키는 황제에 버금가는, 러시아 역사상 최고의 예우를 받았다.

동성애 명예재판?

'콜레라 사인'을 반박하는 증거들은 자연스럽게 차이코프스키가 자살을 했다는 추론으로 발전한다. 차이코프스키가 자살을 하려고 비소를 마셨다는 얘기다.

그렇다면 왜 차이코프스키는 자살이라는 극단적인 선택을 했을까? 국민적 존경을 받는 작곡가가 왜? 자살설은 그의 성생활과 밀접한 관련이 있다. 차이코프스키는 동성애를 하면서부터 이 사실이 발각되는 것을 극도로 두려워했다는 것은 앞서 이야기했다.

자살의 정황증거로 제시되는 설득력 있는 이야기가 있다. 차이코프스키는 만년에 어떤 공작의 손자와 사귀었다. 공작은 차이코프스키가 자신의 손자와 동성애를 한다는 사실에 격분한 나머지 그를 고발하기로 한다. 공작은 황제에게 보내는 고발장을 작성해 이를 입법부 고위 관리에게 전달한다. 그런데 이 고위 관리가 하필이면 차이코프스키의 법률학교 동기생이었다. 고위 관리는 이 고발장이 차르에게 전달되어 사실이 밝혀지면 법률학교의 명예가 실추될 뿐 아니라 러시아의 자부심인 작곡가의 명예가 큰 상처를 입을 것이라고 생각했다. 법률학교는 특권층의 공간이었다. 특권층 자제의 유대감은 학생들이 사회에 진출한 이후에도 그대로 지속되었다. 고위 관리는 차이코프스키를 피고소인으로 하는, 법률학교 출신들로 이뤄진 비밀 재판을 열었고, 이 비밀 법정에서 차이코프스키에게 '죽음'을 판결했다. 비밀 법정은 죽음에 이르는 방법까지 적시했다. 독약 비소가 집으로 전달될 것이니 그것으로 죽음을 맞으라고.

이 추론에 설득력을 더하는 게 있다. 당시 페테르부르크 사회에서는 '명예재판'이 유행했다. 같은 집단 내에서 구성원에 대해 비밀 재판을 열고 비밀 집행을 실시하는 관행이 있었다는 것이다. 푸슈킨을 죽음으로 이르게 한 것은 결투였다. 21세기 기준으로 보면 이해할 수 없는 일이지만 당시 러시아 사회에서는 생사가 걸린 문제를 사적으로 해

차이코프스키의 장례식 장면

결하는 일이 관행으로 자리잡고 있었다. 결투나 명예재판이나 법질서의 테두리 밖에서 문제를 해결한다는 점에서 똑같다.

자살을 주장하는 연구자 중에는 〈비창〉을 자신의 죽음을 염두에 둔 진혼곡이라고 해석하기도 한다. 차이코프스키는 모종의 압박을 받아 왔고, 그런 상태에서 작곡한 작품이 〈비창〉이라는 것이다. 차이코프스키는 〈비창〉을 작곡한 뒤 이런 말을 남겼다.

"나는 내 영혼을 모조리 이 교향곡에 쏟아부었다. 수수께끼로 들릴 것이고 사람들은 저마다 해석할 것이다. 다양한 의견이 나올 것이다. 오직 신만이 처벌하고 응징하라."

지금도 그렇지만 19세기 페테르부르크 사람들에게 음악은 그들의 전부였고, 그 음악은 차이코프스키였다. 음악을 위해서 모든 것을 감수하는 분위기가 페테르부르크를 지배하고 있었다.

마지막으로 차이코프스키가 영면해 있는 알렉산드르 네프스키 수

음악가 묘지 마당. 멀리 차이코프스키 묘지가 보인다.

도원 묘지로 가본다. 앞서 우리는 도스토예프스키 편에서 이 묘지를 찾아갔었다. 차이코프스키 묘지는 음악가 묘역에 있다. 림스키 코르사코프, 무소르크스키, 보로딘, 글라주노프, 글린카, 루빈슈타인, 그리고 차이코프스키가 사이좋게 도란도란 이야기를 나누고 있다.

글린카, 림스키 코르사코프, 무소르크스키 묘비에는 한 가지 공통점이 있다. 대표곡의 악보 한 소절을 새겨놓았다. 러시아 음악을 전공하는 사람을 제외하고 글린카나 무소르크스키의 대표작을 기억하는 사람은 많지 않다. 이들의 대표곡을 모르는 나는 악보를 보면서도 별다른 반응이 일어나지 않았다. 그렇게 얼마 동안을 서성거렸다. 그때 20대 러시아 여성 두 명이 국민음악파 작곡가들의 묘비 앞에 나타났다. 이들은 작곡가 이름을 말하면서 약속이나 한 듯 대표곡의 몇 소절을 합창했다. 음악가는 죽어도 영원히 살아 있는 것이다.

작곡가 묘지에서 가장 많이 헌화된 곳은 차이코프스키 묘지다. 차

차이코프스키의 묘지

이코프스키 흉상을 천사 두 명이 호위하고 있는 듯한 모습. 묘비와 흉상은 그가 사망한 지 4년 뒤인 1897년에 세워졌다. 천사는 알 듯 모를 듯한 표정이지만 차이코프스키는 어딘가 슬픔에 잠겨 있는 듯하다. 불멸의 작품은 개인의 비극을 초월하면서 탄생한다는 말이 떠올랐다.

차이코프스키 묘지 앞에는 작은 마당이 있고, 목재 벤치가 놓여 있다. 차이코프스키 묘비는 마당을 사이에 두고 페테르부르크 음악원 설립자인 안톤 루빈슈타인의 묘비와 마주보고 있다. 루빈슈타인이 없는 차이코프스키는 상상할 수 없다. 두 사람은 죽어서도 이렇듯 각별한 우정을 나누고 있었다. 차이코프스키 묘지를 찾는 사람들은 묘지만 보고 그냥 가버리는 경우가 거의 없다. 마당의 나무 벤치에 앉아 흙이 되었을 망자를 바라보면서 저마다 가슴 속에 자리한 차이코프스키를 꺼내어 머릿속으로 읊조린다. 나는 벤치에 앉아 잠시 눈을 감고 〈비창〉 4악장을 나지막이 읊조리기 시작했다.

쇼스타코비치,

러시아의 모차르트

영화 속 왈츠의 선율

내가 17년 동안 애청한 라디오 프로그램이 있다. sbs '이숙영의 파워 FM(이하 '이파엠')이다. 매일 아침 7시부터 9시까지 디스크자키 이숙영이 진행했던 프로그램이다.

'이파엠'은 연예 뉴스부터 시사교양까지, 남녀 연애부터 동서양 고전까지 가벼움과 무거움, 진지함과 재미가 절묘하게 배합된 콘텐츠를 배치해 청취자를 사로잡았다. 일단 한번 들어보면 중독성이 강해 여간해서 벗어나지 못하는 프로그램이었다.

'이파엠'에는 요일마다 각기 다른 고정 코너가 있다. 매주 금요일 2부에는《씨네21》이다혜 기자가 고정 출연하는 영화 코너 '시네마 왈츠'가 있고, 이 코너를 알리는 시그널 뮤직이 있다. 러시아의 작곡가 쇼스타코비치의 〈왈츠 2번〉이다. 결과적으로 전국의 '이파엠' 청취자들은 매주 한 번씩 쇼스타코비치의 음악을 만나왔다.

왜 나는 라디오 영화 코너의 시그널 뮤직 이야기를 꺼냈을까? 음악 마니아가 아닌 보통의 한국인이 쇼스타코비치를 알게 된 것은 한 편의 영화로 인해서다. 이병헌과 이은주가 주연한 영화 〈번지점프를 하다〉. 2001년도에 나온 이 영화가 영화 팬들에게 깊이 각인된 것은 영화 중반에 나오는 한 장면 때문이다. 누구에게든 아련한 기억의 저편에 있는 청춘의 사랑을 떠올리게 하는 장면이다.

1983년 여름 바닷가. MT를 떠난 82학번 국문과 서인우(이병헌 분)와 인태희(이은주 분)가 백사장에서 캠프파이어를 하는 대열에서 살짝 빠져나와 소나무 숲으로 간다. 인태희는 아닌 척하며 따라오는 서인우에게 말을 건다. "그때 우산도 잘 썼어요." "기억하세요? 기억하시는구나. 근데 왜 그동안……." 두 사람은 소나무 숲에 다다른다. 인태희가 말한다. "저기요. 왈츠 추실 줄 아세요?"

인태희는 왈츠를 춰본 일이 없다며 쭈뼛거리는 서인우의 손을 잡고 왈츠를 춘다. "남자가 왼발을 앞으로 내밀면, 여자는 오른발을 뒤로 하는 거예요."

드미트리 쇼스타코비치

하늘빛이 황혼으로 물들어가는 황홀한 배경에서 흘러나오는 음악이 쇼스타코비치의 〈왈츠 2번〉이다. 이 장면은 누구나의 가슴에 애잔하게 남아 있는, 이루지 못한 청춘의 사랑과 오버랩되면서 가슴을 시리게 한다. 〈왈츠 2번〉은 '재즈 오케스트라를 위한 모음곡'에 들어가 있다.

나는 쇼스타코비치를 2차 세계대전과 함께 알게 되었다. 소련을 침공한 독일군이 레닌그라드를 포위한 채 벌인 900일 간의 전투. 레닌그라드는 옥쇄(玉碎) 전쟁에 돌입해 어린아이부터 노인까지 시민 총동원령을 내렸다. 러시아 인들은 얼어붙은 라도가 호수 위에 레일을 깔고, 포위된 레닌그라드에 식량을 공수했다. 세계사에 길이 남을 그 생사의 갈림길에 레닌그라드 시민들은 극장에 모여 쇼스타코비치의 7번 교향곡 〈레닌그라드〉의 초연을 1시간 20분 동안 숨을 죽이며 감상했다. 밖에서는 포성과 총성이 끊이지 않는 상황에서.

솔직히 고백하면, 나는 〈레닌그라드〉를 들으며 어떤 전율을 느끼지는 못했다. 도무지 감정이입이 되지 않았다. 그것은 아마도, 내가 슬라브 인의 정신세계를 이해하지 못하는데다, 적군의 포위망에 갇힌 채 초인적인 버티기 작전에 들어간 그들의 절박함을 감히 상상할 수도 없기 때문이리라. 쇼스타코비치의 음악 세계는 900일 간의 포위 상태를 견뎌낸 레닌그라드 시민의 인내와 깊은 관련이 있을 것이다.

현대판 모차르트

드미트리 쇼스타코비치는 1906년 9월 25일 페테르부르크에서 태(胎)를 묻고 1975년 8월 9일 모스크바에서 눈을 감았다. 생몰연대를 먼저 이야기한 이유가 있다. 천재 음악가의 생애가 제정 러시아에서 시작되고 공산 체제에서 끝났다는 점을 보여주기 위해서다. 러시아 문학자 이병훈의 표현을 옮기면, 그는 페테르부르크에서 태어나서 페트로그라드에서 음악 교육을 받았고 레닌그라드에서 세계적인 음악가가 되었다. 그의 69년 생애 중 58년은 공산주의 체제 안에 있었다. 자유를 박탈당하고 숨이 막히는 듯한 환경을 견뎌내야만 했던 위대한 음악가를 만나러 가보자.

쇼스타코비치가 태어난 곳은 포돌스카야 골목길 2번지. 그는 3남매 중 둘째였다. 아버지는 엔지니어였고, 어머니는 페테르부르크 음악원에서 피아노를 공부한 사람이었다. 그의 가계를 잠깐 살펴보자. 조부는 차르 알렉산드르 2세 암살기도 사건에 연루되어 시베리아 유형을 살았다. 그의 아버지는 유배지에서 태어났지만 페테르부르크 대학 이과대를 졸업해 시청 측량국 기술자가 된다.

포돌스카야 2번지를 찾아가려면 지하철 2호선 '테크놀로지체스키 인스티튜트' 역에서 내려야 한다. 천천히 발음하기도 힘들 만큼 이름이 긴 이 역은 모스크바 대로변에 있다. 모스크바 대로는 센나야 광장에서 출발하는데, M10으로 불리기도 한다. 이 역은 센나야 광장 역에서 불과 한 정거장 거리에 있다.

포돌스카야 2번지
생가의 표지판과 플라크

역사를 나오자마자 오른쪽으로 자고르드니 대로를 따라 2~3분 걸으면 포돌스카야 골목길이 나온다. 생가는 금방 찾을 수 있었다. 1층 외벽에 붙은 플라크에 8분음표가 눈에 확 들어왔다. 비록 러시아 어를 하나도 읽지 못한다고 해도 저 음표로 미뤄 이 집이 쇼스타코비치의 생가임을 알아볼 수 있다. 플라크 아래에서 천천히 읽어내려 갔다. 쇼스타코비치라는 이름이 보였다. 역시 음악가가 탄생한 장소다웠다. 그런데 그 많은 음표 중 왜 2분의 1박자인 8분음표를 새겨놓았을까.

쇼스타코비치가 여덟 살 때 1차 세계대전이 일어났고, 페테르부르크가 페트로그라드로 이름이 바뀐다. 어머니는 그가 아홉 살이 되자 작정하고 피아노를 가르쳤다. 아들이 피아노를 익히는 속도가 기대 이상으로 빠르자 어머니는 작곡의 기초도 가르쳤다.

음악을 공부한 지 3년째 되던 1917년 2월, 20세기의 대사건이 페트로그라드에서 발생했다. 2월 혁명으로 니콜라이 2세가 하야하면서 로마노프 왕조는 막을 내렸다. 뒤이어 구성된 임시정부는 특별사면 조치를 단행했다. 제정 러시아 시절 국외로 추방되어 있던 레닌, 트로츠키 등 사회주의·공산주의 지도자들이 속속 페트로그라드로 집결했다. 이들은 노동자와 군인의 소비에트를 조직해 8개월 후 임시정부를 몰아내고 볼셰비키 10월 혁명을 성공시켰다. 공산주의자인 블라디미르 레닌이 권력을 장악했다. 인류 역사상 가장 극적인 혁명의 드라마가 열한 살 소년 앞에 차례로 펼쳐졌다.

아홉 살 때의
쇼스타코비치

과학적 사회주의 이념을 발전시킨 레닌주의로 무장한 레닌은 공산주의 국가 건설을 위한 조치를 단행했다. 이런 상황에서 예술가들은 불안과 초조 속에서 시간을 보내야 했다. 10월 혁명 후 한 달여가 지났을 때였다. 공산당 기관지 《프라우다》는 12월 1일자에서 모든 예술가들은 대중에게 다가가야 한다고 호소했다. 공산당은 다음해인 1918년 7월 포고령을 반포해 음악 활동의 국유화 작업을 진행했다. 대중을 위한 첫 번째 예술 작품은 1920년 4,000명의 출연자와 3만 5,000명의 관객이 동원된 〈해방 노동 찬가〉였다.

어린 쇼스타코비치는 전형적인 음악 신동이었다. 어린 시절 사진을 보면 눈빛에서부터 천재성이 발광한다. 그는 열세 살이던 1919년 페트로그라드 음악원에 입학했다(앞서 차이코프스키가 졸업한 페테르부르크 음악원이 페트로그라드 음악원으로, 그리고 지금은 림스키 코르사코프 음악원으로 바뀌었다).

쇼스타코비치는 페트로그라드 음악원에서 본격적으로 작곡을 배웠다. 음악원장 알렉산드르 글라주노프는 입학시험에서 쇼스타코비치의 천재성을 알아보고는 "모차르트와 같은 수준"이라고 평했다. 이후 글라주노프는 쇼스타코비치를 친아들 이상으로 아끼고 후원했다. 쇼스타코비치에게도 운이 따라주었다. 1924년 서유럽과의 교류가 재개되었기 때문이다. 그는 유럽의 선진적인 음악 기법을 마음껏 흡수하면서 자신의 음악 세계를 조금씩 확장시켜 나갔다. 특히 그는 스트라빈스키에 매료되어 그를 따르는 것을 좋아했다. 6년간의 음악원 생활에서 그는 로망스곡, 피아노 소품, 관현악곡 등 모든 장르의 곡을 연습했다.

1925년, 쇼스타코비치가 열아홉 살에 음악원 졸업 작품으로 쓴 곡이 〈제1번 교향곡〉. 1926년 레닌그라드 교향악단에 의해 교향악단 대강당에서 초연되었다. 〈제1번 교향곡〉은 1927년 베를린에서 지휘자 부르노 발터에 의해 유럽에 소개되었고, 1928년에는 레오폴드 스토코프스키에 의해 미국 필라델피아에서 공연되었다. 열아홉 살의 쇼스타코비치는 데뷔곡으로 음악계에서 주목받는 신인 작곡가로 부상했다. "현대판 모차르트", "소련이 배출한 최고의 음악 천재" 등의 찬사가 이어졌다.

레닌은 오래 권좌에 있지 못하고 1922년 4월 사임했다. 이후 스탈린과 트로츠키는 치열한 권력투쟁을 벌였는데, 공산당 총서기 자리를 차지한 인물은 스탈린(1879~1953). 1924년 레닌이 사망하자 스탈린은 서서히 경쟁자를 제거하는 작업을 진행해 나갔다.

쇼스타코비치가 음악원을 졸업한 시점인 1925년은, 스탈린이 아직은 문화예술 분야에서 자신의 마각을 드러내지 않고 있을 때였다. 비록 소비에트 정권이 들어선 지 8년이 되었지만 적어도 문화예술 분야에서는 유럽과의 교류가 지속되어 제정 러시아 시절과 다름없는 자유의 기운이 흐르고 있었다. 실제로 레닌그라드에서 유럽의 아방가르드 음악 콘서트가 열리기도 했다. 혁명의 분위기가 남아 있던 1920년대 후반에 그는 〈제2번 교향곡〉과 〈제3번 교향곡〉을 잇따라 써냈다.

쇼스타코비치는 일생 동안 모두 다섯 곡의 오페라를 썼다. 첫 번째 작품이 1927년 혁명 10주년 기념작인 〈코〉. 고골의 동명 소설을 원작으로 해서 만든, 실험성과 풍자성이 강한 작품으로 레닌그라드 말리 극장에서 초연되었다(마린스키 극장은 소비에트 정권 수립 후 레닌그라드 말리 극장으로 이름이 바뀌었다).

1930년대 초 스탈린은 트로츠키를 비롯한 경쟁자를 완전히 제거하

젊은 시절의
쇼스타코비치

고 장기집권의 기반을 다지는 데 성공한다. 1932년 스탈린은 문화예술에 눈을 돌려 '사회주의 리얼리즘(Socialist Realism)'만이 공식적으로 인정된 스타일이라고 공표하기에 이른다. 우리는 《프라하가 사랑한 천재들》에서 밀란 쿤데라와 바츨라프 하벨을 만나는 도정에서 '사회주의 리얼리즘'과 잠시 대면한 바 있다. 예술은 사회주의 이념에 봉사해야 한다는 게 사회주의 리얼리즘의 골자다. 이것을 풀어쓰면, 소비에트의 새생활은 건설적인 것을 지향하므로 소비에트 예술 역시 그 본질이 비극적이거나 염세적이어서는 안 된다. 소비에트의 예술은 근본적으로 인생을 긍정하는, 밝은 세계관을 확립해야 한다는 것이다.

스탈린, 작곡가의 목을 조이다

쇼스타코비치는 1927년 한 여성을 만난다. 레닌그라드 대학에서 과학을 공부하던 니나 바르자르였다. 두 사람은 사랑에 빠졌고 1932년 결혼한다. 부부는 성격차를 극복하지 못하고 헤어졌지만 니나가 아이를 임신했다는 사실을 알고는 재결합했다. 그후 딸 갈리나와 아들 막심을 얻는다. 러시아가 2차 세계대전에 참전하기 전까지 쇼스타코비치는 여름철마다 이바노프에 있는 여름별장인 다차에서 갈리나와 막심과 함께 행복한 시간을 보냈다(니나 바르자르는 1954년 사망한다).

쇼스타코비치의 두 번째 오페라는 바로 사회주의 리얼리즘이 예술가들을 무겁게 짓누르던 시점에 만들어졌다. 오페라 〈므첸스크의 맥베스 부인〉이 1934년 1월 22일 레닌그라드 말리 극장에서 초연되었다. 이 오페라의 원작은 러시아 소설가 니콜라이 레스코프의 동명 소설이다. 소비에트 관객에게는 낯설기 짝이 없었다. 찬사와 함께 비난도 이어졌다. 하지만 이 오페라는 소비에트 초연 이후 2년간 5개국에서 무대에 올려져 극찬을 받았다.

1936년 1월 26일자 《프라우다》 신문에 실린 글이 이 오페라의 운명을 바꿔놓았다. "음악이 아니라 황당무계"라는 제목의 글은 "작곡가가 소비에트 청중의 요구에 귀를 기울이지 않았기 때문에 형식주의에 빠지게 된 것"이라고 비판했다. 공산당은 〈므첸스크의 맥베스 부인〉에 대해 사실상 공연 불가 판정을 내린 것이다. 이 오페라는 오랜 세월 무대에 오를 수 없었다(1963년 제목을 〈카테리나 이즈마일로바〉로 바꿔 모스크바에서 공연되었다).

"음악이 아니라 황당무계다."

쇼스타코비치는 이 말을 죽을 때까지 잊지 못했다. 그는 《쇼스타코비치의 증언》에서 《프라우다》 신문을 읽은 날을 이렇게 기록하고 있다.

"1936년 1월 26일 나는 《프라우다》를 사러 역에 나갔다. 신문을 펴서 한 장 한 장 넘기다 보니 '음악이 아니라 황당무계'라는 제목의 기사가 눈에 들어왔다. 나는 그 한 구절을 영원히 내 가슴에 새겼다. 아마 내 인생에서 가장 잊을 수 없는 구절이 될 것이다."

이것은 사회주의 리얼리즘으로 예술가들을 탄압하려는 스탈린과의 길고 긴 갈등의 시작에 불과했다. 스탈린은 1936년 쇼스타코비치의 친구들과 일가친척에 대한 탄압과 숙청을 차곡차곡 진행했다. 먼저 친인척들을 보자. 물리학자인 처남이 구속되었고, 천문학자인 장모는 집단 수용소로 보내졌고, 외삼촌이 사망했다. 친구와 지인들 중에서는 후원자와 음악학자인 친구가 각각 체포되어 총살에 처해졌다. 마르크스주의자 작가인 친구는 20년형을 선고받았다. 동료 두 명은 처형되었다.

쇼스타코비치는 스탈린이 자신의 목을 조이며 항복을 압박하고 있다는 것을 알았다. 그는 자신으로 인해 주변 사람들이 불행과 비극에

그랜드피아노 앞에
앉은 쇼스타코비치

빠져드는 상황을 지켜만 보고 있을 수 없었다. 이런 암담한 상황에서
그를 위로한 것은 딸 갈리나와 아들 막심이었다. 그는 1936년 5월 〈제
4번 교향곡〉을 썼다. 그해 12월로 잡힌 초연 리허설을 앞두고 그는 이
유를 밝히지 않은 채 리허설을 취소했다. 이 대목은 지금까지도 연구
자들이 주목하는 부분이다. 권력의 압박에 타협했다는 것이 정설이
다. 그는 자신과 가족이 위험에 빠질지도 모른다고 걱정했고, '철회
결정'이 자신과 가족의 생명을 구했다는 것이 일치된 분석이다(결국 이
곡의 초연은 1961년에야 이뤄졌다).

쇼스타코비치의 〈제1번 교향곡〉이 유럽에 알려졌을 때, 유럽 음악
계는 그를 가리켜 "러시아의 모차르트"로 평했다. 매우 적절한 평가
다. 모차르트는 흔히 농구의 올라운드 플레이어에 비유된다. 피아노
협주곡부터 오페라와 교향곡까지 모든 분야의 곡을 썼고, 모든 장르에
서 성공했다. 쇼스타코비치가 바로 그랬다. 모차르트와 다른 점을 굳

이 찾자면 쇼스타코비치는 영화음악도 썼다는 사실이다. 그는 스탈린이 좋아하는 장르인 영화음악에 손을 댔다. 소비에트의 대표적 영화 감독 코진체프와 손잡고 10여 편의 영화음악을 만들었다.

쇼스타코비치는 1937년 3월, 〈제5번 교향곡〉을 완성했다. 초연은 소비에트 혁명 20주년 기념일인 1937년 11월 21일 레닌그라드 교향악단 대강당에서 잡혔다. 그는 초연을 앞두고 예외적으로 《프라우다》 신문에 〈제5번 교향곡〉과 관련해 "교향곡의 피날레에서는 전 악장의 비극적이며 긴장된 순간을, 인생을 긍정하는 낙천적 플랜으로 풀어놓았다"고 해설했다.

"이 교향곡의 주제는 인간의 확립이다. 이 작품은 시종 서정적인 분위기로 일관되어 있으며, 나는 그 중심에 서서 한 인간이 겪을 수 있는 모든 체험에 대해 생각해 보았다. 피날레에서는 이제까지 등장한 모든 악장의 비극적 긴박함을 해결하고, 밝은 인생관과 살아가는 기쁨을 맛볼 수 있도록 유도했다."

〈제5번 교향곡〉은 대성공을 거두었고, 이로 인해 비평가들의 평가가 바뀌게 된다. 레닌그라드 음악원은 쇼스타코비치에게 작곡 강의를 맡긴다. 그는 모교인 레닌그라드 음악원에서 월급을 받으며 비교적 안정적인 생활을 할 수 있게 되었다.

교향곡 〈레닌그라드〉의 힘

1939년 9월 1일, 나치 독일이 폴란드를 침공함으로써 2차 세계대전이 발발했다. 이에 앞서 독일과 소련은 8월 23일 독소 불가침조약을 체결했다. 양국이 서로 침략하지 않는다는 내용이었다. 불구대천의 원수처럼 서로 이를 갈던 파시즘과 공산주의 세력이 손을 잡자 자유

진영은 경악했다. 2차 세계대전이 터졌을 때 소련은 중립을 지켰다. 하지만 나치 독일이 1941년 6월 22일, 불가침조약을 파기하고 침공하면서 소련은 전쟁의 소용돌이에 휘말리게 되었다. 쇼스타코비치는 자원입대를 신청했지만 시력 미달로 군 면제를 받았다.

7번 교향곡 〈레닌그라드〉는 바로 독일의 소련 침공을 배경으로 탄생한 작품이다. 전쟁이 터지자 소련은 전시동원 체제로 전환되었고, 모든 작가와 예술가들 역시 '조국 전쟁'에 동원되었다. 파죽지세로 우크라이나 지방을 유린하며 진격한 독일은 7월 말 레닌그라드를 포위하게 되었다. 레닌그라드 함락이 초읽기에 들어간 것처럼 보였다.

1941년 7월 말, 레닌그라드 방위전의 시작이었다. 소련군과 시민들은 너나 할 것 없이 결사적으로 방어전을 펼쳤다. 쇼스타코비치 역시

여성들이 페테르부르크에서 참호를 파고 있다.

작곡가라고 해서 팔짱만 끼고 있을 수 없었다. 그는 레닌그라드 음악원 의용소방대에 참여했고, 소련 국민을 상대로 하는 라디오 방송을 했다. 유명 음악가가 소방대원으로 활동하는 장면이 신문에 실려 소비에트 전역에 뿌려졌다. 영국의 조지 오웰도 런던이 독일의 공습을 받을 당시 시민 의용군으로 싸운 바 있다. 7번 교향곡 〈레닌그라드〉는 바로 이런 생생한 경험에서 영감을 얻어 작곡한 것이다. 그는 9월 말까지 1에서 3악장을 완성할 수 있었다.

레닌그라드의 저항이 의외로 거세지자 독일군은 모든 화력을 쏟아부었다.

레닌그라드 방위군은 쇼스타코비치 가족을 비롯한 예술가들에게 피신을 명령한다. 그는 가족과 함께 허겁지겁 레닌그라드를 떠나 시베리아 노보시비르스크로 피신한다. 레닌그라드 교향악단도 이곳으로 옮겨갔다. 그는 이곳에서 마지막 4악장을 완성한다. 이때가 12월 27일이었다. 노보시비르스크에서 〈레닌그라드〉가 므라빈스키의 지휘로 시연(試演)되었다.

레닌그라드 포위전이 장기화되면서 군인과 민간인의 사상(死傷)이 늘어났다. 독일군은 레닌그라드로 들어가는 철도와 도로를 봉쇄했고, 전기와 수도 공급을 차단했다. 식량과 생필품 부족 등으로 아사자가 속출했다. 마실 물이 없자 시민들은 마당이나 도로에 구멍을 파고 지하수를 길었다. 네프스키 대로 한가운데를 파내 물을 긷는 사람도 있었다.

2차대전 당시 표트르 대제 동상을 보호하는 구조물을 쌓고 있는 시민들

뭔가 사기를 북돋울 방법이 필요했다. 시민들을 하나로 모으는 것은 〈레닌그라드〉를 연주하는 일밖에 없었다. 그런데 레닌그라드 필하모니는 시베리아로 피난 가 있는 상태. 레닌그라드 라디오 오케스트라는 〈레닌그라드〉를 포연 자욱한 레닌그라드 교향악단 홀에서 연주하기로 한다. 악보는 입수했지만 단원이 절대적으로 부족했다. 라디오 오케스트라 단원 대부분이 피난을 가거나 실종되었고 단원은 14명밖에 남지 않았다. 14명으로는 도저히 교향곡을 연주할 수 없었다. 지휘자는 최후의 비상수단을 쓰기로 했다. 악기를 연주할 수 있는 일

〈레닌그라드〉를 지휘한
지휘자 므라빈스키(왼쪽)와
쇼스타코비치

반 시민을 대상으로 임시단원을 뽑기로 한 것이다. 지휘자는 간단한
오디션을 통해 임시단원을 선발했다.

1942년 8월 9일, 역사적인 〈레닌그라드〉가 레닌그라드 교향악단 연
주홀에서 막을 올렸다. 쇼스타코비치는 곡 해설에서 "1악장은 전쟁, 2
악장은 회상, 3악장은 조국의 광야, 4악장은 승리로 이름 붙일 수 있
다"고 말했다. 1악장에서 8분여가 흐르면 멀리서 아주 희미하게 큰북
소리가 들린다. 시간의 흐름과 함께 큰북소리는 점진적으로 크게 들리
며 마침내 평화를 깨뜨리고 혼돈으로 몰아넣는다. 전쟁의 시작이다.

실제로 그렇다. 전체 1시간 15분짜리 중 4악장만 들어보아도 '다가
올 승리'로 가슴이 벅차오르는 것을 느낄 수 있다. 유튜브에 접속하면
4악장의 9분 33초가 올라와 있으므로 언제든 4악장을 감상할 수 있다.
말로는 표현하기 힘든, 정신의 심연에서 용암처럼 장대하게 솟구쳐 오
르는 어떤 힘이 느껴진다. 마치 꺼져가던 모닥불 불꽃이 기적적으로
다시 살아나 거대한 불길로 들판에 번져나가는 것 같다.

음악이 아니라면 어떤 예술이 이런 힘과 용기를 불러일으킬 것인가. 소련인에게 〈레닌그라드〉는 그들을 견디게 하는 영혼의 양식이었다. 평화로운 상황에서 들어도 이 정도의 전율을 주는데 당시 절체절명의 벼랑 끝에 서 있던 그들은 이 교향곡을 통해 얼마나 큰 위로를 받고 자신감을 충전했겠는가. 당연한 이야기지만 〈레닌그라드〉는 레닌그라드 시에 헌정되었다. 이 교향곡은 스탈린 상을 수상하기도 했다.

2차 세계대전 중 미국은 독일에 맞서 싸우는 소련에 우호적이었다. 미국은 전쟁의 와중에 〈레닌그라드〉를 무대에 올린 소련인을 다시 보게 되었고, 미국의 교향악단은 〈레닌그라드〉 악보를 보고 싶어 했다. 인터넷 시대였다면 악보를 찍어 전송하면 되지만 당시는 아날로그 시대. 소련은 악보를 마이크로필름으로 찍어 밀봉한 다음 극비리에 미국으로 보내는 수송작전을 펼쳤다. 독일의 잠수함 U보트가 장악한 대서양을 뚫고 미국에 도착한 때가 1942년 6월. 이 악보를 손에 넣은 곳은 NBC 교향악단. 토스카니니의 지휘로 〈레닌그라드〉가 미국에서 초연되었고, 이 실황은 미국의 전 방송국을 통해 중계되었다. 이 연주를 시청한 미국인은 2,000만 명을 넘었다.

레닌그라드 교향악단과 므라빈스키

이제 레닌그라드 교향악단 연주홀로 발길을 옮겨보자. 현재 이름은 페테르부르크 교향악단 연주홀이다. 먼저 예술의광장으로 간다. 예술의광장 한복판에 서 있는 푸슈킨 동상 앞에서 네프스키 대로를 향해 똑바로 난 길이 미하일로프스키 로(路)다. 이 길 오른쪽에 있는 유서 깊은 건물은 그랜드 호텔 유로파이고, 왼쪽에 있는 건물이 페테르부르크 교향악단 연주홀이다. 그런데 페테르부르크 교향악단 연주홀 건물

외관은 얼핏 보아도 다른 교향악단 연주홀과는 어딘가 다르다는 느낌을 준다. 진열장 창문에 연주회 포스터 등이 걸려 있는 것으로 보아 연주홀이 틀림없지만, 건물이 장방형으로 지나치게 넓은 공간에 펼쳐졌다는 느낌!

이곳은 원래 1839년 건축가 폴 자코의 설계로 귀족회의 클럽으로 지어졌다. 그 안에 콘서트홀 겸 무도장이 딸려 있었다. 볼셰비키 혁명 이후 귀족회의 클럽이 교향악단 전용 연주홀로 지정되었다. 이 콘서트홀 겸 무도장에서는 연말연시 무도회가 열렸고, 외국의 유명 음악가를 초청해 연주회를 열곤 했다. 귀족회의 연주홀에서 공연한 음악가 중에는 리스트, 바그너, 베를리오즈 등이 있었다. 베토벤의 〈장엄미사곡〉이 이곳에서 초연되었다.

건물 앞에서 플라크를 찾아보았다. 아니나 다를까, 플라크가 보였다. 맨 아래에 쇼스타코비치의 이름이 있었다. 연주홀의 공식 명칭이 '쇼스타코비치를 기념하는 페테르부르크 필하모니'가 아니던가. 플라

페테르부르크 교향악단
연주홀 전경

크에는 이 연주홀에서 쇼스타코비치가 1942년 〈제7번 교향곡〉을 초연했다고 적혀 있다.

관객이 드나드는 정문 오른쪽 벽에는 한 사람의 얼굴이 부조로 붙어 있다. 에프게니 므라빈스키였다. 레닌그라드 필하모니 오케스트라의 전설적인 지휘자 므라빈스키! 레닌그라드 교향악단을 세계적인 교향악단으로 끌어올린 명지휘자. 1938년 레닌그라드 필하모니 상임지휘자에 임명된 이래 장장 50년간 레닌그라드 필하모니를 이끈 인물이다. 므라빈스키는 아무런 색채가 없는 레닌그라드 필하모니를 세계 최정상급으로 만들었다. 쇼스타코비치와 차이코프스키의 모든 레퍼토리는 므라빈스키의 지휘로 연주되었다. 므라빈스키 없는 레닌그라드 교향악단은 상상할 수 없다.

그러니 건물 외벽에 쇼스타코비치 플라크와 함께 므라빈스키의 얼굴 부조를 붙여놓은 것은 당연했다. 유튜브에 들어가 므라빈스키와 차이코프스키, 쇼스타코비치를 입력하면 동영상이 10여 개 올라온다. 대부분 이 연주홀에서 므라빈스키가 지휘하는 동영상이다. 지휘하는 므라빈스키 뒤쪽으로 연주 홀의 내부가 비춰진다. 거대한 흰색 기둥이 지나치게 많다. 어딘가 권위적이라는 느낌을 준다. 아마도 귀족회의 건물로 설계되었기 때문이 아닐까.

위쪽 필하모니의 쇼스타코비치 플라크
아래쪽 필하모니의 지휘자 므라빈스키 부조

교향악단 연주홀로 들어가는 정문은 예술의광장 쪽, 그러니까 이탈리안스카야 길 쪽으로 나 있다. 목재로 된 정문은 비바람과 함께 손때가 그대로 묻어 있어, 교향악단이 견뎌온 지난 세월을 웅변하고 있었다. 이 페테르부르크 교향악단 연주홀이 제정 러시아 시절 귀족의 전용 공간이었다는 사실을 보여주는 곳이 있다. 예술의광장 쪽으로 식당이 붙어 있는데, 그 식당 이름이 바로 '귀족회의(assembly of the Noble)'이다.

900일의 사투와 승리의 탑

페테르부르크에는 '레닌그라드 900일의 사투'를 상기시키는 장소가 여럿 있다. 먼저 전쟁의 상흔을 고스란히 간직한 이삭 대성당으로 가보자. 프랑스 건축가 몽페랑이 설계하고 건축을 지휘해 무려 40년 동안 지었다. 이삭 대성당은 화려한 황금빛 돔으로 상징된다. 도시 어

이삭 대성당

느 곳에서도 이 황금빛 돔이 보인다. 돔 전망대는 도시의 파노라마를 감상하는 데 최적의 장소다.

이삭 대성당은 포위전 당시 독일군의 포탄 공격을 무수히 받았다. 지금도 곳곳에 그 흔적이 남아 있다. 성당 정면에서 왼쪽으로 돌아가면 거대한 열주 여덟 개가 아틀라스처럼 지붕을 떠받치고 있다. 한 개에 무게가 114톤이 나간다는 황톳빛 대리석은 핀란드에서 채석되어 특별 수송선에 의해 들어왔다.

끝에서 두 번째 기둥에 총탄의 흔적 수십 개가 보였다. 나는 고개를 들어 탄흔의 숫자를 세다가 바로 옆 세 번째 기둥에 몇 십 배나 더 큰 탄흔이 있는 것을 보고는 셈을 멈췄다. 세 번째 대리석 기둥은 지름 50~60센티미터의 크기로 움푹 패어 있었다. 나는 총포 전문가가 아니어서 탄흔만으로 발사체를 구분해 내는 식견은 없지만 이 탄흔으로

위쪽 이삭 대성당 열주의 탄흔
아래쪽 탄흔 안내문

900일의 낮과 밤이 얼마나 치열했었는지는 충분히 짐작할 수 있었다.

이삭 대성당은 도시의 한복판에 있다. 도시 외곽의 방어선에서 독일군이 쏜 총탄이 이삭 대성당 대리석 기둥에까지 박혔다. 이 사실은 얼마나 많은 민간인이 독일군의 포탄 세례에 희생되었는가를 증언한다. 더 이상 무슨 말이 필요한가. 도시는 이런 역사적 사실을 잊지 않겠다는 뜻으로 계단 한쪽 구석에 이런 문장을 새겨놓았다.

승리의 기념탑

"이것은 1941년에서 1944년 사이에 레닌그라드를 향해 파시스트들이 쏜 14만 8,478발의 포탄 가운데 한 흔적이다."

이삭 대성당 다음으로 가볼 곳은 승리의 기념탑이다. 2차 세계대전 종전 30주년인 1975년에 건설되었다. 공식 명칭은 '레닌그라드를 지킨 영웅을 위한 기념탑'이다. 2호선 모스크브스카야 역에서 내려 모스크바 대로를 따라 남쪽으로 길을 잡는다. 멀리 오벨리스크가 보인다. 센나야 광장에서 시작되는 모스크바 대로는 왕복 8차선으로 시원하게 내달리다가 승리의 탑에 이르러 거대한 원형 교차로와 만난다.

48미터 높이의 오벨리스크는 원형 교차로 한가운데에 우뚝 서 있다. 승리의 탑은, 이 도시에 와서 뭔가 특별한 경험을 하고 싶은 사람에게 강력하게 추천하고 싶다. 알려진 대로 900일 동안 포위된 상태에서 군인과 민간인 100만 명이 사망했다. 승리의 탑은 지상층과 지하층으로 나뉘어져 있다. 1층에는 오벨리스크 양옆으로, 레닌그라드를 지켜낸 영웅들의 모습이 청동상으로 빚어져 있다.

나는 영웅들이 모두 병사들일 것으로 생각했는데, 가까이 보니 그게 아니었다. 병사와 민간인이 뒤섞여 있었다. 병사들 옆에는 전장에

승리의 기념탑 지상(위)과 지하 공간의 조각상들

나가는 병사와 그 병사를 떠나보내며 슬퍼하는 젊은 여인이 서 있다. 여인은 전선으로 떠나는 애인의 가슴에 머리를 파묻고 흐느낀다. 청동 조각인데도 마치 여인의 가냘픈 어깨가 떨리는 것 같다. 그 옆에는 두 여인이 군수공장에서 쇳물을 부어 포탄을 제조하는 장면을 형상화했다. 등장인물은 남쪽을 응시하거나 남쪽을 향해 몸이 열려 있다. 이들의 시선이 머무는 곳, 바로 그곳까지 독일군이 진격해 왔다.

승리의 기념탑의 클라이맥스는 지하 공간이다. 지하 공간 역시 원형이다. 출구의 양쪽 벽면에는 횃불과 함께 "900낮, 900밤"이라고 표기되어 있다. 빙 둘러 레닌그라드 방어전과 관련된 중요한 사실을 적시해 두었다. 한가운데에는 조각상이 있다. 고개가 뒤로 꺾인 채, 양팔을 축 늘어뜨린 어린 딸을 안고 오열하는 어머니, 총을 맞고 죽어가는 아들을 부여안고 절규하는 아버지, 총에 맞은 여인을 부축해 일으켜 세우려는 병사.

이 조각상들은 900일간 레닌그라드에서 벌어진 비극을 조명하고 있었다. 100만 명의 숫자에 숨겨져 있는 100만 가지의 비극을 이야기한다. 비록 사회주의 정권 시절 조성된 기념탑이었지만 건축가와 조각가는 이 공간에서 이념을 뛰어넘어 900일의 비극과 레닌그라드의 승리를 최고 수준의 예술로 승화시켰다. 페테르부르크와 아무런 연관성이 없는 나였지만 차마 발길이 떨어지지 않았다. 그들의 장엄한 희생과 영웅적 투쟁 앞에 숙연해졌다. 나는 이곳에 와서야 비로소 교향곡 〈레닌그라드〉가 레닌그라드 사람들의 마음속에 어떻게 자리매김하고 있는지를 헤아릴 수 있었다.

2차 세계대전 종전 후 소련은 방어선이 둘러쳐져 있던 곳에 기념탑 60여 개를 세웠다. 이를 '영광의 그린벨트'라고 부르는데, 그 길이가 장장 220킬로미터에 이른다.

스탈린의 죽음과 새 교향곡

〈레닌그라드〉로 스탈린 상을 수상했다고 해서 쇼스타코비치가 스탈린의 철권통치 아래에서 예외적으로 자유를 보장받은 것은 아니었다. 소련은 러시아에서 독일을 물리쳐 2차 세계대전 승전국이 되었다. 스탈린은 이후 독재체제를 다시 강화하는 작업을 진행한다.

1946년 '즈다노프 선언'이 나왔다. 즈다노프는 혁명가, 군사 전문가, 학자, 예술애호가라는 다양한 타이틀을 가진 인물. 즈다노프는 2차 세계대전 후 스탈린 체제의 2인자로 문화부 장관을 맡아 예술, 철학 등의 분야에 막강한 영향력을 행사했다. 러시아의 문학, 연극, 영화 장르에 만연한 형식주의와 세계주의를 반대하는 것이 '즈다노프 선언'이었다. 쉬운 말로 하면, 사회주의 리얼리즘을 강화한다는 방침. 이런 가운데 1947년, 쇼스타코비치는 소비에트 최고회의의 레닌그라드 대표 의원으로 임명된다. 그는 모스크바에도 거처를 마련했다.

1948년 1월 당중앙위원회는 모스크바에서 소비에트 음악가 회의를 소집했다. 작곡가, 연주가, 평론가, 음악학자 등 수십 명이 참석한 이 회의에서 즈다노프 문화부 장관은 서유럽에서 들어온 형식주의 음악을 비판하고, 이것을 부정하는 투쟁을 벌여야 한다고 강조했다. 당연히 소련에서 가장 유명한 작곡가들이 '고전적 전통 파괴자', '반민중적 형식주의적 작곡가', '타락한 서구 부르주아 문화 추종자' 등으로 몰렸다.

쇼스타코비치, 프로코피예프, 하차투리안, 세바린 등은 위원회에 출석해 공개사죄를 강요당했다. 쇼스타코비치의 작품 대부분은 공연이 금지되었고, 가족들은 모든 특권을 빼앗겼다. 물론 레닌그라드 음악원 교수 자리에서도 쫓겨났다. 이때 그는 밤마다 체포되는 악몽에 시달렸다. 1949년 결국 그는 스탈린을 '위대한 정원사'로 칭송하는 칸타타 〈숲의 노래〉를 작곡했다. 1951년에는 최고 소비에트 의원에 임명되었다. 최고 소비에트 의원으로 활동할 때 사진을 보면 쇼스타코비치가 흐루시초프, 브레즈네프 등이 지켜보는 가운데 연설을 하는 장면도 있다. 그러나 그는 1953년까지 교향곡을 쓰지 않았다. 쇼스타코비치 식의 저항이었다.

1953년 3월, 스탈린이 사망했다. 스탈린의 죽음은 직접적으로 쇼스타코비치를 비롯한 소비에트 예술가들에게 해빙의 신호탄이었다. 정권이 잠시 말렌코프에게 넘어가면서 엄혹한 소련 땅에도 잠시 봄볕이 들었다. 1953년 11월, 하차투리안의 유명한 논문 〈창조의 자유와 영감〉이 발표되었다. 하차투리안은 이 논문에서 예술에 대한 권력의 통제를 비판했다. 즉 '즈다노프 선언'에 대한 비판이었다. 하차투리안은 창작의 자유만이 사회주의 리얼리즘을 완성하는 전제조건이라고 강조했다.

흐루시초프와 브레즈네프가 지켜보는 가운데 연설을 하고 있는 쇼스타코비치

이런 분위기 속에서 쇼스타코비치는 8년 만에 교향곡을 쓰기 시작했다. 먹장구름 사이로 잠깐의 햇볕이 든 그 짧은 시기에 〈제10번 교향곡〉이 탄생했다. 〈제10번 교향곡〉은 1953년 12월 레닌그라드 필하모니 교향악단 대강당에서 므라빈스키의 지휘로 초연되었다. 이 교향곡은 〈제5번 교향곡〉, 〈제7번 교향곡〉과 함께 가장 많은 사랑을 받게 된다.

스탈린의 사망은 시베리아 너머 한반도에도 영향을 미쳤다. 지루하게 진행되던 6·25전쟁의 정전협상이 급진전된 것은 스탈린의 죽음이 결정적이었다. 모스크바의 지침을 받아 움직이며 시간을 끌던 공산진영(중공, 북한) 대표는 돌연 협상에 응했고, 7월 24일 마침내 정전협정이 조인되었다.

〈제10번 교향곡〉은 소련 사회 전반에 걸쳐 커다란 영향을 끼쳤다. 이 시대를 이야기할 때 가장 먼저 거론되는 것이 기자 겸 작가인 일리야 에렌부르크의 소설 《해빙》이다. 1954년 봄에 발표된 《해빙》은 소련 사회에 적지 않은 파문을 불러일으켰다. 소련 문단은 '해빙'이라는 제목에 착안해 이 시기를 '해빙기'로 명명했다. 흥미로운 사실은 소설 《해빙》에서 주인공으로 나오는 설계기사 소코로프스키가 라디오에서 흘러나오는 쇼스타코비치의 〈제10번 교향곡〉을 들은 후 혼잣말처럼 "수학이다, 무한 수학이다"라고 중얼거리는 대목이다. 그만큼 〈제10번 교향곡〉은 소련 사회의 화두(話頭)였다.

신문과 잡지에 〈제10번 교향곡〉에 대한 찬반 토론이 잇따라 실렸다. 이 곡을 비판하는 사람들은 교향곡의 전체적인 분위기가 어두워 사회주의 리얼리즘에 배치된다고 주장했다. 하차투리안은 쇼스타코비치 편에 서서 "낙관적인 비극"이라고 평가했다. 급기야는 쇼스타코비치가 '〈제10번 교향곡〉 토론회'에 출석해 곡에 대한 작곡가의 입장

쇼스타코비치

을 밝혀야만 했다. 쇼스타코비치는 "나는 이 작품을 통해 인간의 감정이나 정열을 그리고 싶었다"고 말했다.

〈제10번 교향곡〉을 둘러싼 논란은 자유 진영에서도 추측과 상상력이 더해져 여러 가지 '문제'를 일으켰다. 미국에서는 〈제10번 교향곡〉이 스탈린 통치에 대한 비판의식이 깔려 있다고 해석하기도 했다. 예술 작품은 논란의 대상이 되면 될수록 그 가치가 올라가는 속성이 있다. 〈제10번 교향곡〉 초연권(初演權)은 자유세계에서 부르는 게 값이 되었다. 그러나 당시 인도차이나 반도에서 공산군과 전쟁을 벌이고 있던 프랑스 정부는 쇼스타코비치에게 비자 발급을 거부했다. 프랑스는 〈제10번 교향곡〉이 공산정권에 대한 협력이라고 평가한 것이다.

쇼스타코비치는 이후 〈제10번 교향곡〉에 대해서는 말을 아꼈다. 외신 기자들과의 인터뷰에서도 그는 "뜨겁게 평화를 사랑하고 전쟁에 반대하며 이 지상에서 인류의 사명이란 파괴가 아닌 창조임을 생각하게 하는, 현대인들의 사상과 희망을 표현하고 싶었다"고 밝혔다.

겨울궁전 앞의 비극

쇼스타코비치는 1906년생이다. 그는 1905년의 러시아 혁명을 경험하지 못했다. 그러나 그는 성장하면서 1905년의 러시아 혁명에 대해 귀에 못이 박히도록 듣고 배웠다. 원래 직접 목격하는 것보다 간접적으로 전해 듣는 게 사람의 상상력을 더 자극한다. 시대와 역사는 보이지 않게 사람의 인생에 나이테처럼 흔적을 남긴다. 그는 보통 사람이 아닌, 누구보다 예민한 천재 소년이었다.

플래시백(flashback)으로 1905년 1월 9일 일요일로 가본다. 러일전쟁에서 패했다는 소식이 러시아에 전해지면서 러시아 제국에 충성했던 노동자와 농민은 충격에 빠졌다. 이날 오후 페테르부르크에는 짙은 안개가 거리를 덮고 있었다. 수천 명의 노동자들이 네프스키 대로를 가득 메운 채 황제가 머물고 있는 겨울궁전을 향해 행진했다. 노동자들은 황제에게 탄원서를 전달하려던 참이었다. 이들은 으레 그런 것처럼 성상을 들거나 깃발을 들고 있었다. 이들 중에는 아내와 아이들을 데리고 나온 노동자들도 있었다. 그런데 이 행진이 니콜라이 2세에게 반역 행위로 보고되었다. 황제는 즉각 반역도당들에게 발포를 명령했다. 군대는 무방비 상태의 시민들에게 일제 사격을 시작했다. 수십 명이 현장에서 즉사했다. 피의 일요일이었다.

영화 〈전함 포템킨〉
포스터

이는 러시아 혁명의 시작이었다. 무고한 시민들이 황제의 군대에 의해 학살당했다는 소식이 순식간에 주요 도시로 퍼져나갔다. 그러자 책임자 처벌을 요구하는 노동자들의 시위가 불길처럼 이어졌다. 1905년 6월 27일 전함 포템킨호에서 수병들이 학대를 견디다 못해 반란을 일으켰다. 세르게이 에이젠슈타인 감독은 이 사건을 토대로 저 유명한 〈전함 포템킨〉이라는 무성영화를 만들었다.

니콜라이 2세는 혁명의 불길이 확산되자 파국을 피하려 타협안을 제시한다. 기본적인 시민권을 부여하고 선거로 뽑는 의회인 듀마

(Duma) 구성을 약속한다. 이것이 1차 러시아 혁명이다.

쇼스타코비치는 1956년, 1차 러시아 혁명을 교향곡으로 써내려 갔다. 교향곡에서는 드물게 각 악장에 제목을 붙여 혁명의 과정을 그려내고자 했다. 1악장은 '겨울궁전 앞 광장', 2악장은 '1월 9일', 3악장은 '영원의 기억', 마지막 4악장은 '경종'이다.

겨울궁전 앞 광장. 음악으로 어떻게 겨울궁전 앞 광장을 묘사할 수 있을까? 1악장은 "우울한 분위기의 페테르부르크 겨울궁전 광장을 묘사함과 동시에 이 감동적인 음악은 자유를 억압하고 인간의 존엄성을 짓밟는 광대한 국토를 그리고 있다"(《쇼스타코비치》, 음악세계). 쇼스타코비치는 압제에 놓인 민중을 암시하려 혁명가 〈들어주오〉, 〈밤은 어두워〉를 삽입했다.

2악장 '1월 9일'은 겨울궁전 앞에 모인 민중이 무차별적 총격을 받고 쓰러지는 비극적인 장면을 묘사한다. 쇼스타코비치는 여기서 〈오, 황제여. 우리들의 슬픈 아버지여〉를 배치했다. 3악장 '영원의 기억'은 피의 일요일에 희생된 이들에게 바치는 일종의 진혼곡, 즉 레퀴엠이다. 이를 위해 쇼스타코비치는 혁명가 〈희생당한 당신은 영웅이었다〉를 등장시킨다. 4악장 '경종'은 피의 일요일 이후 혁명을 향해 전진하는 민중을 그린다.

쇼스타코비치가 러시아 민중의 입장에서 교향곡 〈1905년〉을 쓴 것은 운명이었다. 그는 페테르부르크에 태를 묻고 페테르부르크에서 성장했다. 우리는 왜 페테르부르크를 20세기 혁명의 요람이라 부르는가. 페테르부르크는 저항정신과 이음동의어(異音同義語)다. 인간의 존엄과 자유를 짓밟는 모든 권력과 전쟁에 반대하는 위대한 저항정신이 네바 강처럼 면면히 페테르부르크에 흐르고 있다. 《쇼스타코비치의 증언》에서 그는 이렇게 고백하고 있다.

겨울궁전 전경

　　"우리 집에서는 1905년의 혁명에 대한 이야기가 늘 화젯거리였다.
나는 혁명이 끝난 1906년에 태어났지만 그 이야기는 나의 상상력에
영향을 미쳤다. 나는 그 혁명이 중요한 전환점이 되었음에 틀림없다
고 생각한다. 그 사건 후 민중은 황제를 신뢰하지 않게 되었다. 러시아
국민은 항상 믿었고 끝까지 믿었지만 뜻밖의 결과만이 그들을 기다리
고 있었다. 그렇기 때문에 민중의 신뢰를 저버린 자들은 심판을 받아
야 한다. 그러나 그러기 위해서는 엄청난 피를 흘려야 한다. 1905년
살해당한 어린이들의 시체가 산더미처럼 썰매에 실려 옮겨졌다.
(……) 러시아 역사에는 반복되는 일이 많다는 것을 느끼게 된다. 물론
같은 사건이 정확하게 두 번 반복되는 것이 아니라 약간의 차이가 있
기는 하지만 그래도 대다수 일들이 역시 반복되었다. (……) 나는 이러
한 반복을 〈제11번 교향곡〉을 통해 그려보고 싶었다. 이 교향곡을 작
곡한 것은 1957년으로 제목을 '1905년'으로 한다고 해도 오늘날의 주
제를 다뤄보고 싶었다. 수많은 악행에 더 이상 참지 못하고, 지배자에

대한 신뢰를 잃게 된 국민들에 대한 곡이다."

겨울궁전으로 가보자. 10월 혁명 이후 공산정권은 제국주의 흔적을 삭제하는 작업을 진행했다. 그 결과 겨울궁전이라는 이름이 사라지고 '에르미타주'라고 부르게 된다.

겨울궁전에 가장 가까운 지하철역은 어드미랄티스카야 역. 네프스키 대로를 이용하면 금방이다. 겨울궁전으로 가는 길은 대략 다섯 가지가 있는데, 가장 드라마틱한 길은 네프스키 대로에서 해군참모본부 개선문을 통해 들어가는 방법이다. 궁전 광장과 겨울궁전이 마치 오페라극장의 막이 오르듯 장엄하게 펼쳐진다. 특히 해질녘에 이 길을 선택하면 환상적이다.

그날, 1905년 1월 9일 오후에도 시민들은 이 길로 겨울궁전을 향해 행진했다. 포석(鋪石)이 촘촘하게 깔린 궁전 광장은 드넓다. 그날 네바 강에서 불어온 차디찬 강바람이 광장을 휘몰아쳤다.

겨울궁전 광장

지금은 어디에서도 그날의 흔적을 찾을 수가 없다. 백야 기간 중 한 낮의 작열하는 태양이 숨을 고르는 밤 여덟 시가 되면 광장에는 거리의 연주자들이 하나 둘 모여든다. 광장이 워낙 광대해서 서너 팀이 거리를 두고 공연을 해도 서로에게 전혀 방해가 되지 않는다. 거리의 연주자들 앞을 지나치던 사람들은 포석 바닥에 철퍼덕 앉아 공연을 감상한다. 비록 이름 없는 연주자이지만 무명의 열정 앞에 그들은 경의를 표하고 싶은 것이다. 나 역시 잠시 동안 연주자의 공연을 감상했다. 비록 연주곡의 제목은 알지 못해도, 그쯤이야 아무려면 어떤가. 백야의 궁전 광장에서 펼쳐지는 아름다운 광경. 이것은 그 자체로 자유였다. 연주하는 사람도 자유롭고, 보는 사람도 자유롭다. 그들은 100여 년 전 피를 흘리며 자유를 외친 공간에서 지금 자유를 연주하고, 또 다른 이들은 그 자유를 감상하고 있다.

쇼스타코비치가 1956년에 쓴 곡 중에 '재즈 오케스트라를 위한 모음곡'이 있다. 이 중 하나가, 시작 부분에서 얘기했듯, 한국인에게 널리 알려진 〈왈츠 2번〉이다.

오로라 호와 레닌 광장

11번 교향곡 〈1905년〉의 배경을 알고 나면 쇼스타코비치가 4년 뒤에 12번 교향곡 〈1917년〉을 작곡한 것은 자연스러운 흐름임을 알 수 있다. 〈1917년〉은 10월 혁명을 찬미하는 작품이다. 11번과 12번은 혁명에 관한 기념비적 2부작으로 불린다. 〈1917년〉은 1961년 레닌그라드 교향악단 연주홀에서 므라빈스키의 지휘로 초연되었다. 1악장은 혁명의 페트로그라드, 2악장은 라즈리프, 3악장은 오로라, 4악장은 인류의 새벽이다. 혁명의 순서대로 표제를 정했다.

'라즈리프'는 레닌그라드 북쪽에 있는 호수다. 그런데 왜 이 호수의 이름을 표제로 정했을까? 1917년 4월 페트로그라드에 돌아온 레닌은 이 호수 근처에서 은거하며 혁명을 계획했다. '오로라'는 순양함의 이름이다. 10월 25일 9시 40분, 그날 네바 강에 떠 있던 오로라 호가 공포탄을 쏘는 것을 신호로 볼셰비키 혁명이 시작되었다.

　1917년 2월 혁명이 일어났을 때 레닌은 스위스에 망명 중이었다. 임시정부가 정치범에 대한 사면을 발표하면서 레닌, 트로츠키 등 혁명가들이 속속 혁명의 요람에 집결한다. 레닌은 '4월 테제'를 통해 모든 권력을 '노동자, 군인, 농민 회의', 즉 소비에트에 이양하라고 주장한다.

　임시정부는 요동치는 정국에서 그 어떤 것도 해결하지 못했다. 몇 덩어리의 검은 빵도, 어떤 솔깃한 비전도, 최소한의 질서도 제시하지 못했다. 보급품이 끊어진 최전선의 병사들은 배가 고파 더 이상 총을 들고 참호를 지킬 수가 없었다. 군인들은 속속 부대를 탈영했고, 그 누구도 이들의 탈영을 제지하지 못했다. 배고픈 군인들은 페트로그라드

오로라 호

에 모여들어 누가 먼저랄 것도 없이 볼세비키에 가담했다. 10월 혁명은 일어나기도 전에 사실상 성공을 예비했다.

교향곡 〈1917년〉의 3악장 표제이기도 한 오로라 호는 어떻게 생겼을까. 세계 전함 역사상 가장 많은 훈장을 받았고, 가장 많은 역사의 현장을 지켜본 순양함 오로라. 저 유명한 오로라는 페트로그라드스카야 3번지, 그러니까 나키모프 해군사관학교 앞 네바 강에 정박해 있다. 폰탄카 강과 네바 강이 만나는 곳의 건너편에 오로라 호가 보인다. 오로라 호는 1956년 항해를 끝내고 영원히 닻을 내렸다.

그런데 이곳에서 '오로라'라고 하면 아무도 알아듣지 못한다. 러시아 어로는 아브로라(ABpopa). 1903년 진수해 러일전쟁 당시 희망봉을 돌고 인도양을 거쳐 대한해협까지 진출했던 순양함. 오로라 호 선수와 선미에는 제정 러시아 해군 깃발이 나부끼는데 얼핏 보면 영국 국기와 비슷해 보인다. 1956년 이후 영원히 정박 중인 오로라는 현재 박물관으로 사용된다. 선실 안으로 들어가면 오로라 호의 일생과 활약상이 사진 자료, 그림, 지도 등으로 전시되어 있다.

1917년 10월 25일 밤, 트로츠키가 훈련시킨 적군(赤軍)이 오로라 호의 공포탄을 신호로 겨울궁전을 향해 진격했다. 적군의 목표는 겨울궁전의 임시정부 각료들을 체포하는 것. 질풍노도와 같은 적군의 기세에 눌려 누구도 저항하지 못했다. 이런 상황에서 유일하게 임시정부 각료들을 보호하려 한 군대는 카자크 근위병 300여 명뿐. 그러나 아무리 충성스럽고 용맹스런 카자크 근위병일지라도 물밀 듯 쳐들어오는 적군 앞에서는 어찌할 도리가 없었다. 적군들은 임시정부 각료들을 체포하러 쿵쾅거리며 방을 뒤지기 시작했다. 임시정부 각료들은 궁전 2층 작은방(188호)에 숨어들었으나 안전한 곳은 아무 데도 없었다, 이 방은 황제의 거실과 붙어 있는 황제 일가의 사적 공간이었다.

임시정부 각료가 체포된
겨울궁전의 2층 방

이 방에서 임시정부의 각료들이 체포되면서 10월 혁명은 성공했다. 방 안에는 식탁 하나와 장식장 세 개가 놓여 있다. 벽면에는 대형 테피스트리가 네 개 걸려 있고, 탁상시계는 혁명이 종료된 시각에 멈춰져 있다.

쇼스타코비치는 당시 대부분의 러시아 인들이 그랬던 것처럼 레닌을 흠모했다. 수백 년 동안 압제에 신음해 온 노동자, 농민, 군인의 정부를 만들겠다고 선언했으니 러시아 인 입장에서는 너무나 자연스러운 반응이었다. 그는 전업 작곡가의 길로 들어선 이후 줄곧 레닌에게 헌정하는 교향곡을 쓰고 싶어 했다. 앞서 언급한 것처럼 1927년에 쓴 〈제2번 교향곡〉의 부제가 '10월 혁명에 부침'이 아니었던가.

레닌을 향한 쇼스타코비치의 연모를 느낄 수 있는 역사적인 현장이 있다. 핀란드 역이다. 망명지인 스위스에서 특별사면 소식을 전해 들은 레닌은 동지들과 함께 스위스에서 특별 기차를 타고 페트로그라드로 향했다. 독일을 통과하는 이 기차는 일시적으로 치외법권을 인정받는 '밀봉열차'였다. 레닌이 4월 17일 핀란드 역에 도착했을 때 그는 볼셰비키들을 포함한 군중들의 뜨거운 환영을 받았다. 그 수많은 무리 속에 열한 살 소년 쇼스타코비치가 끼어 있었다. 쇼스타코비치는 이와 관련해 다음과 같은 증언을 남겼다.

"나는 10월 혁명의 증인이다. 블라디미르 레닌이 페트로그라드에 오던 날, 핀란드 역 앞에서 그의 연설을 듣던 수많은 군중 속에 나도 끼어 있었다. 그 당시 나는 매우 어린 나이였지만 그날의 기억만큼은 영원히 내 가슴 속에 남아 있다. 물론 이러한 잊을 수 없는 날들의 추억이 내가 교향곡을 쓰는 데 많은 도움을 준 것이 사실이다."

지하철 1호선을 타고 레닌 광장 역에 내린다. 레닌 광장역은 기차역 핀란드 역과 맞붙어 있다. 핀란드 역은 핀란드 수도 헬싱키나 레피노 같은 북쪽으로 가는 교외선이 출발하는 역이다. 레닌 광장역 승강장에서 지상으로 빠져나오려면 에스컬레이터를 타야 한다. 에스컬레이터를 탈 때 스톱워치로 시간을 재본다. 에스컬레이터는 장장 2분 50초간 내려간다. 레닌 광장역은 도시의 지하철역 중 지하철 승강장의 깊이가 가장 깊다. 다른 지하철역이 평균 2분 20초인 것을 감안하면, 이 역이 얼마나 지하 깊은 곳에 건설되었는지를 알 수 있다.

핀란드 역은 러시아 어로는 '핀란드스키야 복잘'. 핀란드 역 앞의 레닌 광장 한가운데에는 분수대가 설치되어 봄, 여름, 가을이면 시원

핀란드 역

레닌 광장. 오른쪽에
레닌 동상이 보인다.

한 물줄기를 뿜어올린다. 분수 양옆으로는 벤치가 놓여 있어 백야 시
즌에는 가족의 쉼터이자 아이들의 놀이터가 된다.

분수대가 끝나는 지점에 레닌 동상이 서 있다. 그는 겨울 코트 차림
이다. 그가 핀란드 역에 내리던 4월 17일은 겨울이 퇴각하기 전이었
다. 동상을 앞뒤 양옆으로 살펴보았다. 겨울코트의 오른쪽 주머니가
불룩했다. 자세히 보니 레닌이 모자를 쑤셔넣은 모양새다. 핀란드 역
에 내린 레닌이 운집한 군중 앞에서 연설했던 그대로의 모습이다. 동
상은 레닌이 그 겨울에 연설을 하며 서 있는 것 같다.

나는 한 시간 이상을 레닌 광장 이곳저곳을 돌아다녔다. 열한 살 소
년은 어느 곳에서, 군중 틈에 섞여 레닌을 쳐다보았을까. 어린 소년은
그날 러시아의 영웅을 보며 얼마나 가슴이 떨렸을까. 또 레닌을 연호
하며 열광하는 군중들의 모습에 얼마나 가슴이 벅차올랐을까.

세 번째 아내

쇼스타코비치는 가정적인 남자였다. 동시에 그는 많은 예술가들이 그랬듯 사랑 없이는 살 수 없는 남자였다. 그는 평생 세 번 결혼했다. 정확히 말하면 세 여자와 네 번 결혼했다. 첫 부인 니나 바르자르와는 1954년에 사별했다. 레닌그라드 대학에서 과학을 공부한 니나는 2차대전 종전 후 한 연구소에서 대기방사선 연구 일을 했다. 그러다가 아르메니아로 출장을 나갔다가 돌연사했다. 1960년 쓰여진 〈현악 4중주곡 7번〉은 니나와 보낸 아름다웠던 시간을 추억하며 만든 곡이다. 첫 부인에게서 태어난 딸 갈리나를 위해 피아노 소곡을 두 곡 쓰기도 했다.

첫 부인과 사별한 지 2년 뒤에 쇼스타코비치는 공산주의청년동맹(Komsomol) 활동가 마가리타 카이노바와 재혼했다. 이 결혼은 쇼스타코비치 일생에서 가장 이해할 수 없는 일로 간주된다. 그는 1956년 6월 공산주의청년동맹 집체가요 경연대회 심사위원을 맡던 중 서른두 살의 마가리타를 만나게 된다. 늘씬한 미모의 마가리타는 쉰 살 작곡가의 눈을 사로잡았다. 다음날 그는 마가리타에게 청혼했다. 곧이어 마가리타를 제대로 알지 못하는 상황에서 결혼까지 이르게 된다.

그러나 쇼스타코비치는 결혼생활을 하면서 마가리타를 점차 알게 되었고, 자신의 판단이 경솔했음을 깨달았다. 마가리타는 공산당 활동가 그 이상도 이하도 아니었다. 마가리타는 위대한 작곡가의 음악 세계에 대한 이해와 관심이 없었을 뿐 아니라 아이들을 키울 능력도, 살림을 할 능력도 없었다. 그는 3년 만에 결혼생활을 정리했다.

잘못된 결혼으로 인해 우울한 나날이 계속되던 시기인 1958년 3월 모스크바에서 중요한 음악 행사가 열렸다. 제1회 차이코프스키 국제 콩쿠르였다. 차이코프스키 국제 콩쿠르는 쇼스타코비치가 소식위원

세 번째 아내
이리나 수핀스카야

장을 맡아 2년간 준비해 온 행사였다. 차이코프스키 국제 콩쿠르는 피아노와 바이올린 2개 분야에서 경연을 벌여 최종 우승자를 선발하는 대회. 그는 대회 조직위원장으로 1회 우승자 피아니스트(소련)와 바이올리니스트(미국)에게 상장을 수여했다. 그는 이후 차이코프스키 국제 콩쿠르에 각별한 애정을 기울였다.

쇼스타코비치는 1962년에 이리나 수핀스카야와 세 번째 결혼식을 올렸다. 쇼스타코비치는 쉰여섯 살, 이리나는 스물일곱 살. 두 사람은 무려 스물아홉 살 차이가 났다. 이리나는 두 번째 결혼이었다. 딸 갈리나보다 불과 한 살 위였던 이리나는 음악 전문 출판사의 문학 담당 편집자였다. 그가 이리나를 알게 된 것은 1959년, 출판사를 드나들면서부터였다. 그는 친구에게 보낸 편지에서 이렇게 썼다.

"그녀의 유일한 결함은 그녀가 스물일곱 살이라는 것이라네. 나머지 다른 면에서 그녀는 황홀하다네. 명민하고 활발하고 솔직하고 사랑스럽지."

이리나는 쇼스타코비치의 뮤즈였다. 이리나와의 결혼으로 그는 비로소 가정의 행복을 되찾았다. 젊고 아름다운 아내는 갖가지 지병으로 시들어가는 천재 음악가에게 열정과 영감을 불어넣었다. 그는 1964년에 작곡한 〈현악 4중주곡 9번〉을 이리나에게 헌정했다.

사랑의 힘

1965년 쇼스타코비치는 양심의 자유를 위해 투쟁했다. 5년 유배형을 선고받은 시인 조세프 브로드스키를 위해 탄원서에 서명했다. 안나 아흐마토바, 장 폴 사르트르 등이 그와 함께 탄원서에 서명했다. 세계의 지성들이 서명에 참여하면서 비난 여론이 거세지자 소련 당국은 브로드스키에 대한 감형을 결정했다. 시인은 레닌그라드로 돌아올 수 있었다.

호루시초프의 뒤를 이어 집권한 브레즈네프는 1970년 대독(對獨) 전승기념일을 맞아 스탈린을 복권시키기로 결정했다. 하지만 쇼스타코비치는 스탈린을 복권시켜서는 안 된다는 내용의 '브레즈네프에 보내는 서한'에 서명한 지성인 25인 중 한 사람이었다.

첫 부인에게서 태어난 아들 막심은 아버지의 피를 이어받아 음악가가 되었다. 막심은 작곡이 아닌 지휘자로 성공했다. 아버지의 마지막 교향곡 〈제15번 교향곡〉이 1972년 1월, 모스크바 음악원 대강당에서 초연되었다. 아버지는 아들에게 지휘를 맡겼다. 네

쇼스타코비치

뷔 무대는 성공이었다. 청중은 아버지와 아들에게 기립박수를 보냈다. 〈제15번 교향곡〉의 초연권은 외국에 팔려나갔다. 5월에는 일본과 동독과 미국에서 각각 초연되었다.

쇼스타코비치는 나이 50을 넘기면서부터 병을 달고 살았다. 1958년부터 그는 사지가 약해지고 움직임이 둔해지기 시작했다. 원인 불명의 이 병은 척수성 소아마비라는 희귀병이었다. 사지 중에서 가장 상태가 나빠진 것은 오른손이었다. 작곡가가 피아노를 칠 수 없는 상황! 그는 이 병을 고치기 위해 이리나와 함께 시베리아의 쿠르간에 있는 외과 명의(名醫)를 여러 차례 찾아가기도 했다. 쿠르간에서 치료를 받고 몸이 좋아지면 다시 모스크바와 레닌그라드로 돌아와 음악 활동을 했다.

노년의 쇼스타코비치

엎친 데 덮친 격으로 1966년에는 심장병이 발작했다. 건강이 나빠졌음에도 불구하고 그는 담배와 보드카를 끊지 못했다. 팔다리의 움직임이 둔해지다 보니 낙상 사고로 두 다리가 부러지기도 했다. 그는 움직이는 종합병원이었다. 1967년 한 지인에게 보낸 편지에서 이렇게 쓰고 있다.

"목표는 현재까지 75퍼센트 달성되었다. 내가 지금 할 필요가 있는 것은 왼손을 망가뜨리는 것이다. 그러면 나의 사지가 100퍼센트 완전히 못 쓰게 될 것이다."

쇼스타코비치는 1972년 말 폐암 선고까지 받는다. 사지 마비와 심장병도 모자라 폐암까지! 1973년, 오랜 세월 함께 작업한 영화감독 코진체프의 죽음은 폐암 선고 못지 않은 충격을 주었다. 모든 게 절망적인 상황이었지만 그는 삶에 대한 강한 집착을 보였다. 몸은 쇠약했지만 의사가 권하는 방사능 치료를 전부 받았다. 그는 잠깐씩 컨디션이 좋아질 때마다 작품을 썼다. 모든 순간에 아내 이리나가 그의 손을 잡아주었다.

위대한 작곡가가 살 날이 얼마 남지 않았다는 사실은 모두가 알고 있었다. 1975년 봄, 소비에트 정부는 남극의 알렉산드르 섬의 한 반도를 쇼스타코비치 반도로 명명했다. 그리고 모스크바 음악원과 레닌그라드 음악원의 장학금을 '쇼스타코비치 장학금'이라고 이름 붙였다. 레닌그라드 교향악단은 내부 홀을 그를 기려 '쇼스타코비치 홀'로 지었다. 또한 70회 생일을 기념하는 우표가 발행되었다.

1975년 8월 9일, 쇼스타코비치는 모스크바의 자택에서 기분 좋게 아침 식사를 했다. 그리고 아내가 읽어주는 체호프 단편소설을 경청했다. 오후 늦게 그는 갑자기 호흡곤란 증세를 보였고, 오후 6시 30분 아내가 지켜보는 가운데 눈을 감았다.

장례식은 8월 14일로 늦춰졌다. 호주에 연주여행 중인 아들 막심이 돌아오는 데 시간이 필요했기 때문이다. 위대한 작곡가가 별세하자 가까운 지인들은 쇼스타코비치가 이리나로 인해 생명이 최소한 몇 년은 더 연장되었다고 말했다.

모스크바의 8월은 황홀하다. 그래서 8월 14일은 휴가의 정점. 모든 오케스트라 단원이 거의 다 휴가를 간 상태였다. 장례식은 오후 1시 30분 모스크바 음악원 대강당에서 국장으로 치러졌다. 장례식에는 오케스트라 연주가 아닌 녹음 테이프가 흘러나왔다.

그날 오후 날씨는 8월답지 않았다. 쌀쌀했고 부슬비가 뿌렸다. 장례식이 끝난 뒤 조문객들은 부슬비를 맞으며 운구 행렬을 따라 노보드비치 공동묘지까지 행진했다. 노보드비치 공동묘지는 첫부인 니나가 영면하고 있는 곳. 운구 행렬이 노보드비치 공동묘지에 들어섰을 때 군악대가 기다리고 있었다. 관이 운구될 때 군악대가 쇼팽의 장송행진곡과 소비에트 국가(國歌)를 차례로 연주했다.

쇼스타코비치는 첫 부인 니나가 잠들어 있는 묘지에서 아주 가까운 곳에 묻혔다. 위대한 러시아 음악가를 견디게 한 것은 사랑의 힘이었고, 이승과 작별하는 마지막 순간까지도 사랑이 그를 지켰다.

일리야 레핀,

천 개의 얼굴

카자크 전사의 부활

나는 아주 최근까지 위대한 화가의 이름을 알지 못했다. 그의 그림은 익히 보아왔지만 그 유명한 그림의 제목도 몰랐다. 그러니 사실은 내가 그 화가에 대해 문외한이었다고 해야 할 것이다. 그림의 제목은 〈자포르쥐에 카자크들〉. 이 그림은 카자크 관련 텍스트의 이미지로 곧잘 활용된다. 화가의 이름은 일리야 레핀.

내가 '카자크'와 처음 대면한 것은 1994년 여름이었다. 나는 당시 캐나다 토론토에 연수특파원으로 나가 있었는데, 우연히 토론토 대표 축제인 캐러번(caravan)에서 '카자크'를 만났다. 토론토는 인종의 전시장이라 불릴 정도로 세계 각국의 민족이 모여 저마다의 공동체를 이루며 산다. 이들 중에서 제법 규모가 되는 40여 개 민족이 매년 자신들의 역사와 문화와 음식을 알리는 축제를 벌이는데, 그것이 캐러번이다. 나는 여러 전시관을 돌아다니며 낯선 민족과 문화를 접했다. 그 중 하나가 오데사 전시관이었다. 오데사가 흑해 연안의 항구도시라는 것만 알고 찾아갔는데, 그곳에서 뜻밖에도 '카자크'를 만나게 되었다.

오데사 전시관의 공연에서 음악 두 곡이 흘러나왔다. 한 곡은 너무

레핀의 《자화상》, 1878년

도 귀에 익은 멜로디여서 깜짝 놀랐다. 아주 어려서부터 수없이 듣고 홍얼거린 음악을 오데사 전시관에서 듣게 될 줄이야. 그때까지 나는 이 곡이 한국 노래인 줄 알았다. 러시아 민요인 줄은 생각조차 하지 못했다. 나중에 나는 이 노래 제목이 〈카추샤〉이고, 작곡자 미상의 러시아 구전민요라는 사실을 알게 되었다. 〈카추샤〉는 1차 세계대전과 2차 세계대전 당시 전선의 러시아 병사들을 위한 선무곡(宣撫曲)으로 애창되었고, 지금도 행사 때마다 〈카추샤〉가 불려진다.

다른 한 곡은 〈카자크 웨딩 댄스〉로 소개되었다. 드럼과 아코디언만으로 연주하는 음악은 빠르고 힘이 있었다. 남자 무용수들은 짧은 칼을 들고 나와 춤을 추었다. 음악에 맞춰 칼싸움을 하기도 했다. 웨딩 댄스곡이 마치 군대의 출정가 같았다. 이 공연을 보고 나니 내면에서 어떤 전의(戰意)가 타오르는 것을 느꼈다. 그때 나는 우크라이나 인은 왜 결혼식 날 저런 전의에 불타는 음악을 연주하고 여기에 맞춰 카자크 댄스를 추는 걸까, 하고 의아하게 생각했다.

나는 이렇게 오데사 파빌론과 〈카자크 웨딩 댄스〉를 통해 '카자크'를 처음 만났다. 두산백과사전과 네이버 지식사전을 종합해 보면 카자크(Kazak)에 대한 정확한 설명이 나온다. 카자크는 터키 계의 유목민으로 '자유인'을 뜻하는 터키 어에 어원을 두고 있다. 카자크의 영어식 표기가 코사크(Cossack).

카자크는 15세기 말부터 16세기 전반에 걸쳐 우크라이나 중앙부에서 남방 변경지대로 이주하여 자치적인 군사공동체를 형성한 농민 집단이다. 우크라이나 중앙 지역의 드네프로 강을 중심으로 한 자포르쥐에 지역에서 자포르쥐에 카자크가 처음 결성되었다. 17세기 우크라이나가 러시아의 지배에 놓이면서 이곳의 카자크 역시 300년간 러시아의 통치를 받았다.

기골이 장대한 카자크 족은 어떤 것도 두려워하지 않는 용맹스러운 전사로 이름을 떨쳤다. 유럽 대륙이 오스만투르크에 벌벌 떨 때도 카자크 전사들은 오스만투르크를 조롱할 정도로 배짱이 두둑했다. 카자크 전사들은 유목민이다 보니 교육을 받지 않아 문맹자가 대부분이었다. 일리야 레핀의 〈자포르쥐에 카자크들〉은 글을 쓸 줄 아는 카자크가 터키 술탄에게 편지를 쓰는 모습을, 글을 읽고 쓸 줄 모르는 다른 카자크들이 재미있다는 듯 지켜보는 장면을 묘사한 그림이다.

카자크 전사들은 용맹스럽고 충성심이 강해 러시아 역사의 결정적 장면에 곧잘 등장한다. 제정 러시아는 황제의 친위부대에 카자크 전

〈자포르쥐에 카자크들〉

사들을 발탁했고, 그 대가로 여러 가지 특권을 부여했다. 제정 러시아는 카자크의 힘을 약화시킬 목적으로 카자크 족을 기득권층에 끌어들였다. 17세기 후반의 스텐카 라친과 18세기 후반의 푸가초프를 지도자로 하는 두 번의 농민전쟁은 이에 대한 하층 카자크 족들의 저항이었다.

카자크 전사 이야기는 지금에 와서 보면 거의 전설처럼 들린다. 도무지 실감이 나지 않는다. 그런데 일리야 레핀의 〈자포르쥐에 카자크들〉을 보면 그만 숨이 턱 하고 멎는 것 같다. 뜬구름 같았던 카자크 전설이 한 장의 그림 속에 완벽하게 재현되었다. 문외한이 보아도 한 사람 한 사람의 표정과 행색에서 카자크 족의 생애가 농축되어 있다는 사실이 읽혀진다. 등장인물들은 제각각 스스로의 역정을 발언한다. 여기서 궁금증이 꿈틀거린다. 대체 일리야 레핀은 누구인가?

미술 아카데미에 입학하다

일리야 레핀은 1844년 8월 5일 우크라이나의 소도시 추구예프에 태를 묻었다. 레핀의 아버지 예핌은 농노 출신의 군인이었다. 그런데 예핌은 25년간 장기 복무를 한 점이 인정받아 신분이 농노에서 농민으로 상승했다. 예핌은 곧 농사일을 접고 말을 판매하는 상인이 되었다.

어려서부터 그림에 소질이 있던 레핀은 화가를 꿈꾸었다. 아버지처럼 상인으로 살기 싫었다. 뭔가 고상하고 존경받는 일을 하고 싶었다. 하지만 어려운 가정 형편으로는 미술 교육을 받을 수가 없었다.

레핀이 본격적인 미술 수업을 시작한 것은 열다섯 살 때. 레핀은 추구예프에서 이콘(icon, 聖畵) 화가로 유명했던 부나예프의 문하생으로 들어갔다. 동방정교를 믿는 러시아 인들의 종교생활에서 이콘은 알파이자 오메가였다. 러시아 인들은 이콘이 재앙을 막아주며 병을 낫게 하고 편안한 죽음에 이르게 하는 힘이 있다고 믿었다. 따라서 교회에서는 많은 이콘을 필요로 했다. 어린 시절 레핀은 떠돌이 이콘 화가가 마을을 방문해 동네 사람들의 환대를 받으며 이콘을 그리던 장면을 잊지 못했다. 레핀은 부나에프로부터 금방 인정을 받았다. 3년 뒤 그는 화가 조합원들과 함께 인근 도시에 초대되었고, 여기서 이콘 화가로 사회에 첫발을 내딛었다.

이콘 화가는 러시아 정교를 믿는 공동체에서 매우 중요한 지위를 차지했다. 이콘은 교회뿐만 아니라 공공건물, 개인주택 등에도 그려졌기에 이콘 화가의 수요가 많았다. 관광명소로 유명한 그리보에도프 운하변의 '그리스도 부활 성당'이 대표적이다. 그리스도 부활 성당은 외벽과 내부가 온통 이콘화로 장식되어 있다. 특히 내부에 들어가면 천장과 벽이 손바닥만큼의 빈틈도 없이 이콘화로 뒤덮여 있다. 러시

그리스도 부활 성당

아 정교를 이해하지 못하는 사람은 머리가 어지러울 정도다.

초창기 유럽의 회화와 음악은 대부분 교회와 밀접한 연관 속에서 태동하고 발전을 거듭해 왔다. 르네상스와 낭만주의 시대를 거치면서 신(神)이 차지했던 공간에 서서히 개인이 등장하기 시작했다. 그러면서 회화는 과거와는 다른 전혀 새로운 차원으로 발전했다. 하지만 19세기에 들어서도 러시아는 여전히 이콘화가 회화의 주류를 이루고 있었다. 그만큼 서유럽에 비해 회화의 수준이 뒤처져 있었다.

19세기 러시아에서 서유럽 회화를 가르치는 유일한 교육기관은 페테르부르크에 있는 황립 미술 아카데미였다. 예카테리나 여제가 1764년에 세운 미술 아카데미는 전액 장학금제로 학비가 들지 않았다. 화가 지망생들은 당연히 미술 아카데미 입학을 꿈꿨다. 레핀도 그런 수많은 화가 지망생 중 한 명이었다. 레핀은 미술 아카데미 입학을 꿈꾸며 이콘 화가로 열심히 돈을 모았다.

1863년 10월, 레핀은 미술 아카데미 입학시험을 치르기 위해 페테르부르크에 상경했다. 마차를 바꿔 타며 장장 한 달 이상이 걸리는 기나긴 여정이었다. 말로만 들어온 러시아 제국의 수도. 레핀의 호주머니에는 달랑 15루블이 전부였다. 페테르부르크에 도착한 직후 레핀은 회화의 기초가 부족하다는 것을 알고 데생 기초를 다시 배웠다.

결국 레핀은 1864년에 미술 아카데미에 입학했다. 졸업과 동시에 직업 화가가 될 수 있는 자격증을 주는 학교. 생각해 보라. 우크라이나 출신의 시골뜨기가 평생 한 번 가볼까 말까 한 페테르부르크에 와서, 그것도 국가공인 화가 자격증을 주는 미술 아카데미 학생이 되었다는 사실을. 1864년은 모든 게 꿀처럼 달콤하고 행복한 순간의 연속이었다. 미술 아카데미의 1학년 과목은 화법, 조각, 기하학, 세계사, 회화사 등이었다.

학교생활에 적응하고 들떴던 마음이 진정되면서 레핀은 비로소 미술 아카데미가 처한 현실이 눈에 들어오기 시작했다. 황실이 학비, 기숙사비 등 모든 경비에 대한 재정적 지원을 하다 보니 미술 아카데미에는 관료주의가 만연해 있었다. 모든 커리큘럼과 작품은 황실의 취향에서 벗어나지 않아야 했다. 미술 아카데미에는 예술 창작에서 공기와 같은 자율과 자유가 질식 상태에 있었다.

레핀이 입학하기 2년 전인 1862년, 이런 미술 아카데미 풍토에 반발하는 13명의 학생들이 시위를 벌였다. 이들은 미술 아카데미를 중퇴한 뒤 종교와 황실로부터 자유로운, 새로운 예술을 추구하는 그룹을 결성했다. 이동파 화가들이었다. 여기저기 이동하면서 전시회를 연다는 뜻에서 이동파로 불렸다. 레핀은 아카데미 선배인 이동파 화가들의 생각과 지향에 공감했다.

미술 아카데미로 가보자. 미술 아카데미는 택시나 승용차가 아니라

미술 아카데미 야경

면 교통편이 참 애매하다. 가장 쉬운 길은 이삭 대성당 뒤쪽 청동 기마상에서 네바 강을 건너가는 방법이다. 미술 아카데미는 청동 기마상의 시선에서 10시 방향으로, 다리를 건너자마자 오른쪽에 있다. 서유럽 미술을 가르치려 세워진 이 학교는 레핀을 포함해 러시아의 대표적 건축가 아드리안 드미트리비치 자하로프 등을 배출했다.

　미술 아카데미 앞에는 3,500년 전의 스핑크스 두 개가 마주보고 있다. 마치 미술 아카데미의 호위무사처럼. 이집트 테베 유적지에서 발굴되어 1832년 페테르부르크에 선물로 보내진 것이다. 테베에서 거대한 스핑크스 두 개가 수송되는 과정을 상상해 보자. 보내는 쪽이나 받는 쪽이나 최대의 이벤트였을 것이다. 왜 고대 이집트의 스핑크스가 네바 강변에 있느냐고 반문할 수도 있겠지만 그만큼 제정 러시아의 힘이 막강했다는 뜻이다. 페테르부르크는 미술 아카데미 출신의 레핀을 기억하기 위해 건물 오른쪽에 있는 폭 5.6미터의 가장 좁은 골목길을

'레핀 골목길'로 명명했다.

레핀은 말년에 미술 아카데미의 종신 교수직을 수락했다. 레핀 사후 미술 아카데미는 그를 기리는 의미에서 그의 방을 '레핀 작업실'로 명명했다. 그리고 아카데미 안에 이곳 출신 학생들의 작품을 전시하는 공간이 있다. 전시관의 마지막 방에는 1899년에서 1903년까지 미술 아카데미를 졸업한 학생들의 공동 작품 〈미술 아카데미 레핀 작업실의 누드모델〉이 걸려 있다. 레핀이 동료 교수들과 함께 누드모델을 관찰하는 모습의 작품이다. 시선이 향하는 오른쪽에는 풍만한 나신의 여인이 포즈를 취하고 있다.

미술 아카데미 앞, 네바 강 선착장에 있는 스핑크스

볼가 강의 뱃사람들

미술 아카데미 시절 레핀은 영향력 있는 비평가 블라디미르 스타소프를 알게 된다. 이후 스타소프는 레핀의 인생에 깊숙한 영향을 미친다. 다재다능한 교양인이며 통찰력이 있던 스타소프는 러시아 회화가 이대로 가서는 안 된다고 판단했다. 러시아 회화야말로 개혁해야 할 시점이라고 생각했다. 스타소프는 개혁 세력에 힘을 실어주기 위해 이동파 화가들을 소개하고 격려하는 글을 썼다. 모든 문화운동에는 깃발을 드는 리더가 필요하다. 스타소프는 새로운 회화운동의 기수로 레핀이 적임자라고 보았다. 레핀이 우크라이나 농촌 출신이라는 점도 회화운동을 이끌어가는 데 플러스 요인이라고 생각했다. 스타소프는 레핀을 새로운 러시아 사실주의 회화의 대표주자로 지목했다.

스타소프는 왜 레핀을 사실주의 회화의 기수로 판단했을까? 아카데미에서는 학생들의 그림을 모아 연례 전시회를 연다. 스타소프는 1865년 전시회에 참석해 학생들의 그림을 훑어보다가 레핀이 그린 〈시험 준비〉 앞에서 전율을 느꼈다. 이후 레핀의 활동을 눈여겨 보았다. 학생 시절 레핀은 주변 사람들의 초상화를 그렸다. 초상화의 주인공 중에는 열네 살의 소녀 베라 셰브초바가 있었는데, 훗날 레핀의 아내가 된다.

레핀은 1871년 〈야이로의 딸의 부활〉을 미술대회에 출품했다. 〈야이로의 딸의 부활〉은 아카데미가 요구한 성서적 주제를 수용하면서도 자신만의 개성을 표현한 작품이다. 이 작품이 미술대회에서 금상을

〈시험 준비〉

수상해 레핀에게 부상으로 서유럽 여행이 주어진다. 이때가 레핀의 나이 스물일곱 살이었다.

이 대목은 구스타프 클림트가 부르크 극장의 천장화로 1888년 황금 공로십자훈장을 수상한 것을 연상시킨다. 시기도 큰 차이가 없다. 레핀이 클림트보다 18년 연상이다.

미술 아카데미 학생 레핀에게 벼락같은 명성을 안겨준 작품은 〈볼가 강의 뱃사람들〉(1870~1873). 이 작품으로 레핀은 19세기 위대한 러시아 회화 작가의 반열에 올랐다는 평가를 받는다.

어느 청명한 봄날이었다. 레핀은 아카데미 친구들과 뱃놀이를 하러 네바 강 하류로 갔다. 따스한 봄볕 속에 아름답고 평화로운 풍경이 펼쳐졌다. 그런데 우연히 한 무리의 낯선 사람들이 어슬렁거리는 모습이 레핀의 시야에 들어왔다. 남루하기 이를 데 없는 행색으로 해변을 배회하는 이들은 뱃사람들이었다. 배를 밧줄로 끌어 육지에 대는 노동자들인 부를라키였다. 그들의 행색은 너무나 비참했다. 레핀은 이 장면에 뒤통수를 얻어맞은 듯한 충격을 받았다.

레핀은 뱃사람을 그리기로 결심했다. 수소문해 보니 진짜 뱃사람은 주로 볼가 강 유역에 있다고 했다. 1870년 여름방학을 이용해 레핀은 풍경화가 표도르 바실리예프와 함께 볼가 강을 찾아갔다.

볼가 강은 트베이주 발다이 구릉에서 발원해 러시아 평원을 휘돌아 카스피 해로 흘러드는, 유럽에서 가장 긴 강이다. 볼가 강은 장장 3,690킬로미터를 굽이치며 러시아 인에게 생명을 공급해 온 젖줄이었고 러시아 인의 정신적 모태였다. 민요 〈볼가 강의 뱃노래〉(에이 우흐넴)가 탄생해 지금까지 세계 곳곳에서 불려지고, 영화 〈볼가 강의 뱃사공〉이 만들어진 배경이다.

1871년 여름에도 레핀은 다시 볼가 강을 찾아 뱃사람들을 두루두루

위쪽 〈볼가 강의 뱃사람들〉 스케치 아래쪽 〈볼가 강의 뱃사람들〉

만났다. 그는 두 번의 여름 동안 볼가 강에서 많은 뱃사람들을 만났고, 이들의 초상화를 하나씩 스케치했다. 그는 스케치들을 들고 페테르부르크로 돌아왔다. 이때부터 레핀은 혼자만의 고민과 사색에 들어갔다.

'무거운 짐을 끌고 갈 때 인간의 몸은 어떨까? 작업하는 인부의 얼굴에는 어떤 흔적이 새겨질까? 인부들 개인의 모습과 인부들 집단의 모습 사이에는 어떤 차이가 있을까?'

그림에 전문지식이 없는 사람이 보아도 이 작품은 관람객과 등장인물 간에 이뤄지는 신비한 교감에 전율하게 한다. 뱃사람들이 그림을 감상하는 나를 쳐다보는 것 같다. 관람객은 뱃사람을 지켜보고, 뱃사람은 그런 관람객을 의식하는 상호작용이 일어난다. 뱃사람 중에 관람객을 응시하는 사람은 단 한 명. 나머지는 너무 힘에 부쳐 관람객에게 시선을 던질 여력도 없다. 그런데 놀라운 점이 있다. 관객을 응시하는 뱃사람의 눈빛을 가만히 들여다보면, 자신의 처지와 신세에 대한 어떤 분노나 울분이 서려 있지 않다는 점이다.

〈볼가 강의 뱃사람들〉로 레핀의 이름은 러시아 전역에 알려졌다. 스타소프는 이 작품을 극찬했다. 〈볼가 강의 뱃사람들〉에 대한 찬사 중 도스토예프스키의 평가는 특히 새겨볼 필요가 있다.

"레핀의 '뱃사람'에 대한 기사를 신문에서 읽었다. 놀라움이 엄습했다. 주제 자체도 충격적이다. 상층계급이 민중에게 많은 빚을 지고 있다는 우리 사회의 통념을 뱃사람을 주제로 표현하는 것이 허용될까? (……) 다행히도, 그것은 기우였다. 뱃사람은 뱃사람일 뿐, 다른 그 무엇도 아니었다. 그림 속의 그 누구도 관람객을 향해, '이것 보시오. 나는 불행하오. 당신은 민중에게 빚을 지고 있소!'라고 소리치지 않는다. 이것은 화가의 위대한 업적으로 기록될 것이다."

레핀을 만나러 러시아 박물관으로 길을 잡는다. 먼저 예술의광상으

러시아 미술관 전경

로 간다. 네프스키 대로의 그리보예도프 운하에서 그리스도 부활 성
당을 향해 걸어가다 첫 번째 골목길, 이탈리안스카야 길로 들어선다.
예술의광장 중앙에 푸슈킨 동상이 보인다. 푸슈킨 동상의 등을 바라
보고 있는 건물이 러시아 미술관이다. 유럽의 미술관들은 대부분 궁
전을 개조한 경우가 많다. 러시아 박물관의 옛 이름은 미하일로프스
키 궁전이다.

　입장료를 내고 미술관으로 들어갔다. 러시아 미술관에는 러시아 화
가들의 작품이 전시되어 있다. 나는 곧장 33호실로 간다. 레핀의 대표
작이 한 방에 옹기종기 모여 있다. 〈볼가 강의 뱃사람들〉과 〈자포르쥐
에 카자크들〉 외에도 〈루빈슈타인〉, 〈톨스토이〉, 〈징병 가는 군인〉 등
이 전시되어 있다. 34호에도 레핀의 작품이 걸려 있다. 33~34호에서
레핀을 만났다면 바로 옆방인 35호를 그냥 지나치지 말자. 그곳에 풍
경화가인 아르히프 쿠인지의 그림들이 있다. 러시아 대지에 내리는

깊고 깊은 겨울 밤을 쿠인지처럼 절절하게 표현한 화가는 없다.

인상주의와 이동파 화가

레핀은 1873년 5월, 서유럽 여행을 떠난다. 서유럽 여행은 모든 러시아 작가와 예술가들의 로망이었다. 그는 가장 먼저 빈에 갔고, 이어 베니스, 로마, 파리를 차례로 방문했다. 레핀은 빈의 전시회에 〈볼가 강의 뱃사람들〉을 출품했고, 역시 엄청난 반향을 불러일으켰다. 레핀이 빈을 방문했을 때 클림트는 열한 살이었다.

빈, 베니스, 로마, 파리는 모두 유럽 문명의 꽃이었다. 레핀은 파리에서 가장 오랫동안 체류했다. 레핀은 세계의 화가들이 많이 모여 있는 파리에 매료되었는데, 스타소프에게 보낸 편지에서 자신의 솔직한 감정을 드러냈다.

레핀의 〈자화상〉, 1894

"파리에 비상한 흥미를 느낍니다. 우아함, 경쾌함, 단순함 속에 세련된 취향이 숨어 있습니다."

레핀이 파리에 머물던 1874년 제1회 인상주의 전시회가 열렸다. 레핀은 당시 가장 개혁적인 미술 사조였던 인상주의를 파리 한복판에서 체험한다. 인상주의 흐름은 유럽 여러 나라의 미술계에 충격을 주었지만 대다수 러시아 화가들에게는 예외였다. 인상주의 화가들은 화실을 박차고 나가 야외에서 그림을 그렸다. 그들은 순간의 빛에 주목했고, 오로지 순간의 이미지만을 화폭에 옮겼다. 인상주의는 시각예술인 미술에 어떤 문학적·철학적 내용을 담는 것을 거부했다. 바로 이 점이 러시아 화가들과는 맞지 않았다. 프랑스는 공화정이 자리잡아 민주주의가 싹트고 있었던 반면 러시아는 여전히 전제정치의 압제에서 신음하고 있었다. 일부 러시아 화가들은 인상주의를 위험한 사조라고 생각하기도 했다.

레핀 역시 인상주의에 놀라기는 했지만 이를 맹목적으로 추종하지는 않았다. 그렇다고 해서 인상주의를 위험한 흐름으로 여기지도 않았다. 레핀은 인상주의를 미술의 넓은 스펙트럼의 하나로 이해했다. 파리의 한 카페에서 그는 〈파리의 카페〉(1875)와 〈바다 왕국의 사드코〉(1876)를 그리기 시작했다.

레핀은 파리 체류 동안 서유럽의 다양성을 흠뻑 만끽했다. 그는 서유럽에서 3년을 머물고 1876년 여름 페테르부르크로 돌아왔다. 러시아로 돌아와 〈벤치에 앉아서〉라는 서정적인 그림을 그렸다. 이 그림은 한눈에도 과거의 사실주의 계열의 작품들과는 사뭇 느낌이 다르다. 평론가들은 이 작품에 인상주의 화풍이 스며들었다고 평가한다. 그러나 인상주의 영향이 특유의 사실주의 흐름을 방해하지 않았다.

러시아로 돌아온 지 얼마 지나지 않아 레핀은 러시아적 가치에 새롭게 눈을 떴다. 그는 러시아 회화는 가장 러시아적인 것을 표현해야 한다고 생각했다. 때는 수천 년 동안 유지되어 온 농노제가 폐지된 시점이었다. 노예의 쇠사슬에서 풀려나 자유를 얻은 농부들이 새로운 계급으로 등장했다. 화가들은 이러한 농민 계급, 즉 민중을 화폭에 담아야 한다는 강박관념을 갖게 된다.

민중이 테마가 되는 기념비적 작품이 〈쿠르쿠스 지방의 십자가 행렬〉이다. 러시아 회화의 단골 소재인 십자가 행렬! 그런데 레핀이 십자가 행렬을 그리면서 그 차원이 격상되었다. 그림에서 가장 먼저 눈길을 사로잡는 인물은 절름발이 금발머리 곱사등! 이콘 함을 들고 있는 앞의 두 여성과 뒤의 한 여성은 어떤가. 어린이를 꾸짖는 노인과 채찍을 내려치는 기마경찰의 표정을 보라. 비록 농노의 신분에서는 벗어났지만 여전히 핍박받는 민중의 얼굴이 남녀노소에게서 드러난다. 종교 행렬을 구성하는 모든 사람의 표정이 저마다의 이야기를 발화한다. 평론가 브로드스키는 〈쿠르쿠스 지방의 십자가 행렬〉에 대해 이런 평가를 내렸다.

"이 작품은 위대한 러시아와 러시아 민중의 모습을 포착하려는 모든 시도들 중에서 가장 드라마틱하고 의미 있는 작품일 것이다. 그것은 모든 작가, 음악가, 화가 등 동시대 러시아 예술가들이 추구하는 목표에 도달한 것이었고, 또한 레핀의 창작 생활의 정점이 되기도 했다."

1882년 레핀은 '이동파 화가'에 가입한다. 이후 레핀의 작품들은 '이동파 화가'의 전시회에 걸리게 된다. 이동파 화가는 아카데미와 달리 대도시뿐만 아니고 지방 소도시까지 이동하며 전시회를 열었다. 이때부터 혁명이 레핀 회화의 핵심 주제로 부상했다. 회화의 주제가

〈쿠르스크 지방의 십자가 행렬〉

민중에서 혁명으로 이행하는 것은 자연스러운 현상이다. 먼저 등장한 작품이 〈선동자의 체포〉와 〈고해를 거절하다〉였다. 1884년 〈아무도 기다리지 않았다〉가 제12회 이동파 전시회에 등장하자 관객들은 경악했다. 〈볼가 강의 뱃사람들〉에 이어 레핀의 위대성이 다시 증명되었다. 〈아무도 기다리지 않았다〉는 해설자를 필요로 하지 않는다. 누가 봐도 한눈에 모든 상황을 파악할 수 있다. 등장인물의 표정에서 그간에 있었던 모든 일들과 현재의 심리상태가 고스란히 되살아난다. 한눈에도 이런 상황이 파악되었기에 관람객들은 이 그림 앞에 서면 납덩이를 매단 것처럼 걸음을 뗄 줄 몰랐다. 스타소프는 이렇게 극찬했다.

"레핀은 〈볼가 강의 뱃사람〉의 승리에 안주하지 않았다. 그는 더욱 앞으로 나아갔다. 지금 눈앞에 있는 그림은 그의 창작품 중에서 가장 중요하고 가장 위대한 작품이다."

〈아무도 기다리지 않았다〉

이 작품에는 기독교적 전통이 간접적으로 암시되어 있다는 평가를 받기도 했다. 이 작품은 모스크바 트레티야코프 미술관에 전시되어 있다. 이 그림을 보면 누구라도 어색하고 불편한 상황을 충분히 짐작할 수 있지만, 브로드스키의 해설을 더 들어볼 필요가 있다.

"〈아무도 기다리지 않았다〉는 유형지에서 고향의 집으로 돌아온 혁명가의 모습을 그린 그림이다. 뻣뻣한 포즈, 동요하는 눈동자. 가족이 알아볼까? 몇 년 동안 나가 있던 아버지를 아이들이 받아들일까? 레핀은 혁명가와 그 가족들의 얼굴에 나타난 이 모든 복잡한 감정들을 훌륭하게 전달했다. 놀란 표정으로 낯선 남자를 쳐다보는 딸(그가 잡혀갈 때 너무 어려서 알아보지 못하는 것이다), 피아노 앞에 앉아 있는 아내의 눈동자에는 놀라움이 가득하다. 그런데 소년의 얼굴에는 기쁜 미소가 떠오른다. 앞에 서 있는 사람이 누구인지 알아차렸음이 분명하다."

이 시기 레핀은 일부 화가들로부터 압박을 받았다. 조금 더 분명하게 혁명을 지지하는 그림을 그려달라는 무언의 압력이었다. 하지만 레핀은, 화가는 혁명가가 아니라는 점을 분명히 하며 현실 참여 화가들과 일정한 거리를 둔다.

에르미타주 박물관의 렘브란트

1885년 레핀은 〈이반 뇌제, 자신의 아들을 죽이다〉를 전시했다. 이반 뇌제가 아들을 살해한 것은 역사적 사실이다. 제정 러시아의 대표적 폭군인 이반 뇌제는, 왕위를 빼앗기고 목숨을 잃을 것을 두려워한 나머지 황태자를 살해한다. 1581년에 일어난 일이다.

이반 뇌제는 러시아 역사상 가장 잔혹한 폭군인 이반 4세를 가리킨다. 신하가 반대 의견을 펴면 무례하다며 혀를 자르기도 했고, 비위에 거슬리는 귀족을 개를 풀어 물어뜯게 하기도 했다. 그의 폭정과 만행은 나열하기에도 벅찰 만큼 끝이 없다. 권력에 눈이 먼 왕이 세자가 권력을 탐한다는 모함에 현혹되어 아들을 살해하는 예는 동서양을 막론하고 드물지 않다.

이반 뇌제가 아들을 살해한 사건은 역사적 사실이었지만 또한 누구도 입 밖으로 꺼내서는 안 되는 일이었다. 이반 뇌제를 얘기하는 것 자체가 금기였다. 하물며 이를 회화의 주제로 채택한다! 이는 목숨이 두 개인 사람이나 하는 짓이었다. 사건이 일어난 지 300년이 지난 시점에서야 비극적 사건이 처음으로 회화의 주제로 등장했다는 사실이 이를 웅변한다. 그럼에도 이 그림이 대중 앞에 공개되었을 때 황실 관료들은 〈이반 뇌제, 자신의 아들을 죽이다〉를 보며 몹시 불편해했다.

관료들은 이동파 전시회에서 이 그림을 철수하라고 명령했다. 아마도 관료들이 이 그림을 사들여 폐기했더라면 이 그림은 영원히 사라졌을 것이다. 예술 작품에도 운이 있다. 미술품 수집가 파벨 트레티야코프가 이 그림을 보자마자 구입했다. 미술품에 조예가 깊은 트레티야코프는 자칫하다간 이 그림이 불행한 운명에 처할 수 있다는 사실을 감지한 것이다. 이 그림은 오랜 세월 '전시 금지'라는 유형에 처해져 트레티야코프의 수장고에 갇힌 채 대중을 만나지 못했다. 현재 〈이반 뇌제, 자신의 아들을 죽이다〉는 모스크바 트레티야코프 미술관에서 전시 중이다.

복잡하게 얽힌 역사적 사건을 그림 한 폭에 표현한다는 것은 쉬운 일이 아니다. 레핀은 그 사건의 본질에 녹아 있는 심층심리에 천착했다. 황제의 눈빛을 보라. 회한의 감정이 폭발하고 있다. 눈빛은 이렇게 말하고 있다. '내가 지금 무슨 짓을 한 거지! 안 돼. 죽으면 안 돼!'

아무리 폭군이라 해도 아버지는 아버지다. 여기서 브로드스키의 해설을 음미하면서 그림을 다시 보자.

"이 그림에서 레핀은 격정적인 감정이 클라이맥스에 이른 인간의 심리상태를 표현했다. 이때 가장 역동적인 요소는 무엇보다도 이반 뇌제와 그 아들이 대면하고 있는 상태이다. 황제는 분노에 사로잡혀 왕홀로 아들의 관자놀이를 때린다. 아들은 피를 흘리며 쓰러지고, 아버지는 자신이 저지른 행동을 후회하며 아들에게 달려간다. 레핀은 절망과 슬픔 속에 제정신을 찾지 못하는 아버지의 모습과 죽음의 순

〈이반 뇌제, 자신의 아들을 죽이다〉

렘브란트의 〈돌아온 탕아〉

간 평안을 찾고 아버지의 끔찍한 행동을 용서하는 아들의 표정을 그리면서, 극단적인 감정에 휩싸인 두 주인공의 긴박한 모습을 성공적으로 포착했다."

미술 평론가들은 이 그림이 렘브란트의 〈돌아온 탕아〉(1669)의 변주라고 해석하기도 한다. 네덜란드 출신의 화가 렘브란트는 레핀이 숭배했던 서유럽 화가이다. 〈돌아온 탕아〉는 제정 러시아 시절의 겨울궁전인 에르미타주 박물관에 전시되어 있는 렘브란트의 그림 중 하나이다. 〈돌아온 탕아〉는 늙은 아버지가 아들에게 손을 내밀며 아들을 용서하고 받아들이는 장면을 묘사했다.

〈돌아온 탕아〉가 전시되어 있는 에르미타주 박물관으로 가보자. 에르미타주 박물관은 프랑스의 루브르 박물관, 영국의 대영박물관과 함께 세계 3대 박물관에 속한다. 제정 러시아 시절에는 겨울궁전 옆의 부속건물들을 에르미타주라고 불렀지만 10월 혁명 이후 겨울궁전도 에르미타주가 되었다. 에르미타주는 모두 여섯 개의 건물로 구성되었는데, 옛 겨울궁전이 가장 화려하다. 이 박물관의 미술품 컬렉션은 300만 점이 넘는다.

여름철 에르미타주 박물관은 관람객들로 넘쳐난다. 제정 러시아의 광휘와 함께 세계 각국의 미술품을 감상하러 온 사람들로 발 디딜 틈

이 없다. 잠깐 한눈을 팔았다가는 인
파에 휩쓸려 조난을 당하기 일쑤다.

레핀에게 영감을 준 렘브란트는
네덜란드 관에 있다. 네덜란드 관에
는 렘브란트의 작품 20여 점이 걸려
있다. 〈플로라〉, 〈다나에〉, 〈붉은 옷
을 입은 노인〉, 〈돌아온 탕아〉 등 초
창기인 1630년대부터 말년인 1660년
대까지의 그림들이다. 네덜란드 관
254호에 이르렀을 때, 행운이 따랐
다. 구름처럼 몰려다니는 다국적 관
람객의 행렬이 〈돌아온 탕아〉 앞에서
잠깐 끊겼다. 〈돌아온 탕아〉는 에메

에르미타주 박물관의
〈돌아온 탕아〉

랄드 빛 벽에 걸려 있다. 나는 〈돌아온 탕아〉를 누구도 의식하지 않은
채 2분여 동안 완벽하게 혼자 감상할 수 있었다.

〈돌아온 탕아〉는 1660년 작품이다. 렘브란트가 죽기 9년 전이다.
만년에 이르러 렘브란트의 작품 주제는 성서적 소재와 고대 신화에서
벗어났다. 1636년 작품인 〈다나에〉가 고대 신화에서 모티브를 얻은
대표적인 작품이다.

렘브란트의 주인공들은 영웅적 인물에서 탈피해 보통 사람들의 일
상으로 옮겨갔다. 부인 사스키아의 사망 이후 그의 작품은 심오해졌
고 심리적으로 변해갔다는 평을 받는다. 부인과 사별한 후 명성과 부
는 서서히 시들어갔고 그는 홀로 남겨졌다. 〈돌아온 탕아〉는 바로 이
시점에 그려졌다 아들을 감싸안은 아비의 얼굴을 보라. 아비는 노쇠
하고 고독하다. 아비의 주름진 얼굴에서는 체념이 묻어난다. 세월이

렘브란트의 〈붉은 옷을
입은 노인〉

아들을 용서하고 받아들인 것이다.

뒷모습만 보이는 아들을 보자. 가장 먼저 신발이 눈에 들어온다. 아들은 오른발 뒤축이 떨어져나간 신발을 신고 집으로 돌아왔다. 마차를 탈 여비도 없어 먼 길을 걸어 집으로 돌아왔다는 뜻이다. 무슨 연유인지는 모르지만 부모를 거역하고 집을 떠난 동안 객지에서 어떤 고생을 했는지가 신발 하나에 모두 농축되어 있다. 옷은 누더기와 흡사하다. 머리칼은 거의 빠졌다. 아비보다도 머리숱이 없어 보인다. 병들고 춥고 배고파서 아비에게로 돌아온 것이다.

아비의 얼굴은 〈붉은 옷을 입은 노인〉의 그것과 분위기가 닮았다. 그것은 늙음과 고독이다. 늙음은 고독과 이음동의어(異音同義語)다. 이제 어떤 기운도 없다. 젊은 날의 성정을 고집할 수도 없다. 아비의 얼굴은 이렇게 말하는 듯하다.

'내 아이를 내가 거두지 않으면 누가 이 불쌍한 아이를 받아준단 말인가.'

나는 비로소 〈돌아온 탕아〉가 왜 그토록 많은 후대의 예술가들에게 영감을 불러일으켰는지를 이해할 수 있을 것 같았다.

살아 움직이는 얼굴 얼굴들

레핀은 다음 작품으로 카자크 스토리를 구상했다. 아브렘체보에서 들었던, 러시아 남부에서 활약했던 자포르쥐에 카자크 이야기는 생각만으로도 레핀의 가슴을 두근거리게 했다. 오스만투르크를 벌벌 떨게 했다는 전설 같은 이야기는 언제 들어도 통쾌하기만 했다.

오스만투르크 제국이 어떤 나라인가. 전성기의 오스만투르크는 서쪽의 모로코에서 동쪽의 아제르바이잔까지, 북쪽의 우크라이나에서 남쪽의 예멘에 이르는 광대한 영토를 지배했다. 그 시절 오스만투르크 제국의 지도를 보면 우크라이나 남부에서 더 이상 치고 올라가지 못했다. 발칸 반도의 그리스, 마케도니아 등을 유린하고 헝가리까지 정복한 오스만투르크 입장에서 보면 카자크는 골칫거리였다. 러시아로 쳐들어가고 싶어도 카자크 때문에 이도저도 못했다. 투르크라는 이름만 들어도 오금을 저려하는 나라들이 대부분이었지만 카자크만은 예외였다. 오합지졸 같아 보였지만 카자크에게는 불굴의 야성이 꿈틀거렸다. 실제로 투르크 군은 카자크와 전투를 벌여 패한 일도 있었다. 오스만투르크의 술탄은 카자크를 회유하기 위해 꾀를 부렸다. 항복하면 투르크 군이 보호해 주겠노라는 내용의 서한을 보낸 것이다. 카자크가 누구인가. 뼛속 깊이 바람처럼 자유로운 사람들이 아닌가. 카자크는 술탄에게 답장을 보냈다. 답신의 내용은 간단했다. "우리와 같은 도적떼들에게는 술탄 따위가 필요 없다는 사실을 아직도 모르는가?"

얼마나 통쾌한 이야기인가? 화가 입장에서 보면 이런 이야기들은 회화적 상상력을 자극하기에 충분했다. 레핀은 생각했다. 카자크들 대부분은 글을 읽고 쓸 줄 몰랐다. 레핀은 카자크들이 들판에서 술탄에게 편지를 쓰는 장면을 그리자고 마음먹었다. 레핀은 이 그림을 그리는 데 3년(1878~1891년)이라는 시간을 쏟아부었다. 그 어떤 작품보다 이 작품에 많은 에너지를 쏟고 정성을 기울였다.

〈자포로쥐에 카자크들〉 속에 나오는 등장인물 스물한 명의 얼굴을 하나씩 들여다보면 왜 제작 기간이 3년이나 걸렸는지를 이해할 수 있

<자포르쥐에 카자크들>
스케치

다. 인물 한 사람 한 사람을 그림에서 떼어내어도 각각의 독립적인 작품으로 생명력을 갖는다. 이들은 카자크 지휘부로 추정된다. 공식 외교문서에 해당하는 서한을 작성하는 광경이지만 자유분방하기 이를 데 없다. 무질서하고 오합지졸의 극치다. 그러나 그 속에는 동시에 호방함과 호전성, 길들여질 수 없는 태생적인 야성이 있다. 전사들이 입고 있는 복식, 차고 있는 칼, 머리 모양, 모자와 액세서리, 물통, 악기 등은 카자크들의 모든 것을 드러낸다. 카자크가 어떻게 만들어졌고 어떻게 움직였는지를 읽을 수 있다. 체계적으로 훈련된 오스만투르크의 군대가 왜 우크라이나 들판의 야생마들을 두려워했는지를 짐작할 수 있다.

레핀은 초상화의 대가였다. 하긴 <볼가 강의 뱃사람>이나 <자포르쥐에 카자크들>도 따지고 보면 등장인물 한 사람 한 사람이 별도의 초상화라고 해도 손색이 없다. 회화사에 이름을 남긴 화가들은 대부분 초상화를 그렸다. 클림트 역시 말년에 초상화를 그려 돈벌이를 했다. 레핀의 초상화가 주목받는 이유는 당대 문화예술의 거물들을 그렸다는 사실이다. 권력자가 아닌 작가와 아티스트를 초상화의 모델로 삼았다. 이 대목은 클림트가 귀족 부인을 주로 그린 것과 대비가 된다.

초상화의 대가

여기서 파벨 트레티야코프를 언급하지 않을 수 없다. 트레티야코프가 없었다면 러시아 미술은 존재하지 않았을 것이라는 말은 결코 빈말이 아니다. 트레티야코프는 누구인가? 모스크바의 부유한 상인 가문에서 태어난 트레티야코프는 당대에서도 역시 가업을 부흥시켰다. 그는 어떤 귀족보다도 부유했지만 철저한 신분제 사회에서 귀족계급에 편입될 수가 없었다. 트레티야코프는 엘리트 그룹에 들어가려면 예술 후원, 자선사업, 공공 봉사 등을 통해서만 인정받게 된다는 것을 터득했다. 지성인이기도 했던 트레티야코프는 장차 미술관을 짓겠다는 장기적인 계획으로 화가를 후원하기로 했다.

16~19세기 천재 예술가들은 어떤 후원자를 만나느냐에 따라 운명이 갈리는 경우가 많았다. 후원자를 만나지 못할 경우 당대에는 가난하고 불행한 삶을 살게 된다. 그래서 천재는 흔히 자신은 불행하지만 남을 행복하게 만드는 사람이라는 진부한 공식의 주인공이 된다. 빈센트 반 고흐가 그 대표적인 화가다. 레핀의 행운은 정말 훌륭한 후원자를 만났다는 사실이다. 트레티야코프는 레핀에게 문화예술계 인물의 초상화를 그려달라고 요청했다. 물론 그가 레핀에게만 이런 부탁을 한 것은 아니다. 이반 크람스코이, 바실리 페로프 등 다른 유명 화가에게도 문화예술계 인물의 초상화를 부탁했다. 트레티야코프는 당

대의 화가들 중에서 레핀에게 많은 기대를 했고, 레핀은 여기에 부응했다.

문화예술계 거물들 중에서 먼저 언급되어야 할 인물은 19세기를 대표하는 러시아 음악가들이다. 글린카, 루빈슈타인, 무소르크스키, 림스키 코르사코프, 보로딘, 글라주노프, 수이 등. 물론 여기에는 레핀을 평생 후원한 평론가 스타소프의 초상화도 있다. 그런데 무슨 이유인지는 몰라도 동시대의 음악가 중 차이코프스키는 초상화에서 빠졌다.

먼저 〈무소르크스키의 초상〉을 보자. 19세기 러시아 음악가 한 사람을 꼽으라면 단연 차이코프스키가 떠오르지만, 두 사람을 꼽으라면 모데스트 무소르크스키(1839~1881)가 포함된다. 무소르크스키는 서유럽이 러시아 음악에 주목하게 만든 첫 번째 작곡가라는 평가를 받는다. 그의 대표작은 오페라 〈전람회의 그림〉과 〈보리스 고두노프〉. 러

〈무소르크스키의 초상〉

시아 국립 우랄 음대의 이름이 '무소르크스키 음악원'이라는 점을 보면 러시아 인이 그를 어떻게 기리고 있는지를 알 수 있다.

레핀이 모델인 무소르크스키를 만난 시점이 절묘하다. 무소르크스키는 보통의 러시아 남자들처럼 보드카를 무척 사랑한 나머지 알코올 중독자가 되고 만다. 결국 1881년 군부대의 정신병동에 입원하게 된다. 레핀은 무소르크스키가 입원했다는 소식을 듣자마자 병원으로 달려갔다. 정신이 오락가락하고 기력이 쇠잔한 무소르

크스키였지만 레핀을 위해 무려 4일 동안이나 포즈를 취해주었다. 레핀은 무소르크스키를 위대한 음악가가 아닌, 자기 관리를 못해 타락한 알코올 중독자의 모습으로 그렸다.

레핀이 초상화를 완성한 지 이틀 뒤에 무소르크스키는 눈을 감았다. 무소르크스키는 자신의 마지막 순간을 예감하고 있는 힘을 다해 모델로서 최선을 다했다. 무소르크스키가 협력하지 않았더라면 우리가 그의 마지막, 가장 인간적인 모습을 어떻게 볼 수 있을까. 알코올 중독자의 신체적 특징 중 하나는 코가 빨갛다는 것이다. 평론가 브로드스키의 해설을 옮겨본다.

"레핀의 초상화는 사람들의 기억에서 지울 수 없는 매력을 선사한다. 무소르크스키의 초상에서 레핀은 위대한 작곡가의 무기력하고 거추장스런 육체를 있는 그대로 그려넣었다. 분명 무소르크스키는 초상화가 완성된 직후에 사망했다. 그런데 그림의 주인공이 가까이에 있는 것 같은 인상을 주는 것은 왜일까? 술 때문일까, 아니면 그의 예술적 재능 때문일까? 그것은 명백하지 않다. 떠돌이처럼 헝클어진 머리조차 그 불안정한 상태를 확신시키며 관람객으로 하여금 주인공을 걱정하게 만든다."

〈파벨 트레티야코프의 초상〉은 〈무소르크스키의 초상〉과 대비가 된다. 레핀이 트레티야코프를 그리지 않았다면 우리가 19세기 러시아 미술의 위대한 후원자이자 트레티야코프 미술관의 설립자를 기억하기 어려웠을 것이다. 19세기 러시아 문화예술사에서 트레티야코프는 독보적인 존재다. 뉴욕 맨해튼에 구겐하임 미술관을 세운 솔로몬 구겐하임과 비교될 만하다. 부모로부터 큰 재산을 물려받은 사람은 많다. 그렇다고 그들이 모두 예술가의 후원자를 자처하는 것은 아니다. 부자가 예술가를 후원하는 것은 가장 차원 높은, 지속 가능한 사

〈파벨 트레티야코프의
초상〉

회 환원이다. 많은 경우 물려받은 재산을 일신의 영화를 위해 쓰다 지상에 아무 것도 남기지 못하고 허망하게 사라진다. 자신의 이름을 딴 미술관 건립이라는 목표를 정하고 화가들에게 당대의 예술가들을 그리게 했다는 사실. 이것은 교양인 그 이상의 지성과 통찰을 요하는 일이다. 동시에 러시아의 예술적 토양의 깊이를 보여주는 것이기도 하다. 트레티야코프는 1892년 자신이 36년간 수집한 미술 작품 2,000여 점을 모스크바 시에 기증했다. 그리고 6년 뒤인 1898년 눈을 감는다. 모스크바 시는 기증받은 미술 작품들을 토대로 미술관을 짓고 '트레티야코프'라는 이름을 붙였다.

레핀이 그린 〈파벨 트레티야코프의 초상〉을 관찰해 보자. 이 콜렉터는 무소르크스키처럼 관객을 정면으로 바라보지 않는다. 관객의 시선을 외면한 채 다른 방향을 응시한다. 팔짱을 끼고 있는 것도 눈길을 사로잡는다. 기품 있고 도도하게 자신만의 세계에 침잠해 있는 교양인의 분위기를 풍기고 있다. 당연한 이야기지만 이 작품은 트레티야코프 미술관에 전시되어 있다. 트레티야코프 미술관은 러시아 4대 미술관에 속한다. 이 미술관의 수준을 보여주는 흥미로운 사례가 있다. 《러시아 미술사》를 쓴 아트 디렉터 이진숙은 원래 독문학을 공부하던 사람이었다. 우연히 러시아 여행 중 트레티야코프 미술관에 갔다가 미술품에 감동을 받아 미술의 세계로 뛰어들었다.

레핀이 남긴 초상화 중 최고는 레프 톨스토이 (1828~1910년)의 초상화들이 아닐까. 레핀이 톨스토이를 처음 만난 것은 1880년. 레핀이 서른여섯, 톨스토이가 쉰두 살 때였다. 레핀보다 16년 연상인 톨스토이는 러시아에서 위대한 작가이자 사상가로 추앙받고 있었다. 첫 만남에서 레핀은 톨스토이에게서 깊은 인상을 받았다. 1887년 톨스토이는 레핀을 자신의 영지 야스나야 폴랴나로 초대했다. 레핀은 영지에 머물며 새벽부터 늦은 밤까지 톨스토이의 24시간을 관찰했다.

화가의 관찰은 대부분 스케치로 탄생한다. 1891년에도 레핀은 톨스토이의 영지에서 오랜 시간 지내면서 톨스토이를 관찰하고 그림 소재를 찾았다. 두 사람이 교유한 시간은 30년이나 지속된다. 〈숲속에서 휴식하는 톨스토이〉(1891), 〈맨발의 톨스토이〉(1891), 〈톨스토이 초상〉(1887), 〈밭을 가는 톨스토이〉(1887) 등이 톨스토이를 모델로 그린 대표작들이다. 〈맨발의 톨스토이〉는 원래 레핀이 붙인 제목이 〈기도하는 톨스토이〉였다. 하지만 볼셰비키 혁명 이후 사회주의 비평가들에 의해 〈맨발의 톨스토이〉로 바뀌게 된다. 제목이야 어찌되었든 맨발로 기도하는 톨스토이의 초상은 이콘(icon)의 지위로 격상되었다는 평가를 받았다. 〈맨발의 톨스토이〉는 러시아 박물관에 있다. 여기서 브로드스키의 해설을 들어본다.

〈맨발의 톨스토이〉

"레핀에게 초상화의 이상적인 모델은 레프 톨스토이였다. 30년 동안 톨스토이와 교유하면서 레핀은 수십 번도 넘게 그의 초상을 그렸다. 톨스토이를 묘사한 일련의 작품들, 특히 〈맨발의 톨스토이〉나 〈숲속에서 휴식하는 톨스토이〉에서 레핀은 감각적인 색채를 강조했다. 이 그림들은 살아 있는 자연의 힘으로 가득 차 있다. 한여름의 무더운 열기, 신선한 초록색 잎사귀, 무성한 나무의 시원한 그림자. 그 밑에서 손에 책을 든 중년의 톨스토이가 휴식을 취하고 있다. 혹은 헐렁한 블라우스를 입은 맨발의 톨스토이가 숲속의 오솔길에서 허리에 손을 짚는 특유의 포즈를 취하고 있다. 이 모든 것이 단순한 일상과 자연에서 의미를 찾았던 레핀에 의해 정연하게 묘사되었다."

핀란드 만의 '고향집'

1899년 레핀은 페테르부르크에서 핀란드 만 북쪽 해변가의 작은 마을로 거처를 옮겼다. 숲을 사 집을 짓고 '페나트이'라고 명명했다. 페나트이는 러시아 말로 '고향집'이라는 뜻.

페나트이는 페테르부르크 중심가에서 47킬로미터나 떨어져 있다. 대중교통으로 가면 1시간 30~50분이 걸린다. 19세기 말에는 지금보다 더 많은 시간이 걸렸을 것이다. 그런데 왜 레핀은 이렇게 먼 곳으로 이사를 왔을까.

지도에서 핀란드 만을 찾아본다. 핀란드 헬싱키가 핀란드 만의 북쪽에 있다. 러시아에서 핀란드 만 연안을 따라 핀란드 국경과 가까운 곳에 페나트이가 있다. 레핀이 땅을 사서 집을 지은 곳은 핀란드 만 해변에서 도보로 10분 거리에 있다.

핀란드 만은 바다지만 겨울에는 얼어붙는다. 겨울에는 바닷길이 막

힌다. 바다로 나가고 싶어도 나갈 수가 없다. 그래서 표트르 대제를 포함한 러시아의 황제들은 얼어붙지 않는 항구, 부동항(不凍港)을 갈망했다.

여름철이면 백사장에는 핀란드 만의 찬란한 햇살을 만끽하려는 러시아 인들의 환한 미소가 금빛모래처럼 반짝인다. 백사장의 폭은 그리 넓지 않지만 모래는 모래시계의 모래처럼 부드럽다. 해변가를 따라 방풍림이 띠처럼 이어지고, 방풍림 바로 뒤에 도로가 나 있다. 페나트이는 바로 이 도로에 붙어 있다.

레핀은 왜 페나트이를 선택했을까. 레핀이 페나트이와 인연을 맺게 된 과정이 흥미롭다. 그는 스무 살 연하의 두 번째 부인 나탈리아 노르드만 명의로 이곳의 땅을 매입했다. 레핀은 자신이 먼저 죽을 경우 노르드만의 노후가 걱정되어 땅을 사두었던 것이다. 1899년부터 부부는 페나트이에 살면서 집을 짓고 연못과 정원을 꾸몄다. 마치 우크라이나 평원의 고향땅 추구에프처럼 꾸며놓았다. 가고 싶어도 다시는 길

페나트이 정문

수 없는 고향땅을 핀란드 만 북쪽에 재현시킨 것이다. 숲속에 작은 나
무집을 지어 두 사람만의 신전으로 삼았다. 숲길과 언덕에 이름을 붙
이고 갖은 정성을 기울였다. 노르드만은 1914년에 51세로 레핀보다
먼저 사망했다. 노르드만은 눈을 감으면서 자신의 명의로 되어 있는
땅을 미술 아카데미에 기증한다고 유언했다.

　3년 뒤인 1917년 소비에트 정부가 들어섰다. 러시아가 지구상 최초
로 공산주의 국가가 되었고, 이 과정에서 페나트이는 핀란드 영토로
편입되었다. 설상가상으로 1918년 핀란드가 국경을 폐쇄하면서 레핀
은 페테르부르크를 오갈 수 없는 처지에 놓였다. 그는 누구보다 민중
의 편에서 혁명을 찬미한 화가였지만 공산주의 정권은 받아들일 수 없
었다. 레핀은 1930년 페나트이에서 눈을 감게 된다. 무지막지한 스탈
린도 레핀이 얼마나 위대한 화가인지를 잘 알고 있었다. 1939년 러시
아는 핀란드와 외교협상을 벌여 페나트이를 러시아에 귀속시키는 데

성공했다. 이어 1940년 레핀이 살던 집을 레핀 박물관으로 꾸몄다. 레핀 박물관은 2차 세계대전 중 폭격을 받아 일부가 파손되기도 했다. 2차 세계대전 종전 후인 1948년 러시아 정부는 페나트이가 있는 마을을 레핀의 업적을 기려 '레피노(Repino)'로 명명했다.

레핀의 마을을 가다

이제 레핀이 마지막을 보낸 레피노로 가보자. 승용차가 아닌 대중교통을 이용한다면 가는 방법은 세 가지가 있다. 어떤 경우든 일단 지하철을 타고 페테르부르크 북쪽 지역으로 나가야 한다. 지하철 1호선을 타고 레닌 광장역으로 간다. 레닌 광장역의 지상은 기차역 핀란드역. 우리는 앞서 쇼스타코비치 편에서 핀란드 역 앞의 레닌 광장을 가보았다. 핀란드 역에서 레피노로 가는 교외선 열차는 20분마다 있다.

지하철 2호선 초르나야 레츠카 역에서 내려 레피노로 가는 버스를 타거나 지하철 5호선 스타라야 데르비냐 역에서 내려 버스를 타고 가는 방법도 있다.

나는 핀란드 역에서 레피노로 가는 교외선을 탔다. 교외선이다 보니 모든 간이역마다 정차해 승객을 태우고 부린다. 열차는 북부 교외 시역을 지나 농가와 숲 사이를 달린다. 50분쯤 지나 레피노 역에서 내린다. 왕복 4차선 도로를 건너면 상가가 나타난다. 상가에는 커다란 글씨의 간판이 걸려 있다. 샬랴핀 레스토랑이다. 레스토랑 왼편 숲속으로 난 길이 핀란드 만으로 가는 길이다. 이 길을 따라 곧장 걸어간다.

땡볕인데도 숲길은 가을 숲속처럼 시원

레피노 역 이정표

레피노 박물관

하고 상쾌하다. 땀방울을 흡수해 버리는 놀라운 녹음의 마력이다. 조
금 불안하다 싶으면 지나가는 사람을 붙잡고 "레피노 뭐세?"라고 물
으면 친절하게 길을 가르쳐준다. 영어는 거의 통하지 않는다. 15분쯤
걸어가면 왕복 4차선의 도로와 만난다. 이 도로에서 왼쪽으로 길을 잡
아 역시 10~15분쯤 걸어가면 바로 레피노 박물관이 기다린다. 이 도
로의 오른편이 핀란드 만의 방풍림이다.

　레핀 박물관은 숲속에 있다. 큰 길 옆에 나무로 만든 정문이 있고
러시아 어로 '페나트이'라고 쓰여 있다. 한적하고 풍광이 좋은 곳은
대개 외진 곳이다. 레핀 박물관은 고립된 곳에 있다. 그런데도 박물관
을 찾는 사람들이 끊이지 않는다. 사진 촬영은 허용되지 않는다. 자부
심이 강한 중년 여성은 카메라를 보관소에 맡기라고 명령하듯 말한
다. 영어, 불어, 중국어, 일어, 스페인 어 등 9개 언어로 서비스를 한다
고 되어 있다. 한국어 서비스가 없는 것이 못내 서운했다. 안내원의 지

레핀의 작업실

시에 따라 덧신을 신고 내부를 둘러보았다.

　1층에는 서재, 유리 테라스, 거실, 식당 등이 있고, 2층에는 작업실이 있다. 방마다 레핀의 그림들(진품, 복제품)과 흉상, 두상 등이 전시되어 있는 게 눈길을 끈다. 레핀의 자화상도 두 점 걸려 있다. 한 점은 거실에 걸려 있는 것으로 젊은 레핀이 팔레트를 들고 있는 모습이다. 1878년에 그린 자화상이니 서른네 살 한창 때다. 얼굴에 윤기가 흐른다. 젊은 레핀의 시선이 머무는 곳에 한 여인의 흉상이 있다. 두 번째 부인 노르드만이다.

　박물관에서 가장 감동적인 곳은 서재, 유리 테라스, 식당, 작업실이다. 서재는 3면이 유리창으로 되어 있다. 창턱에 작은 사진 액자와 작은 조각품들이 놓여 있고, 그 너머로 숲이 펼쳐진다. 레핀은 서재에서 글은 쓰면서 봄, 여름, 가을, 겨울 사계절의 변화를 가슴으로 느꼈다. 레핀은 이곳에서 회고록을 집필했고 틈틈이 편지를 썼다.

레핀의 서재

　다음은 유리 테라스. 나는 처음 레핀 박물관을 사진으로 보았을 때 지붕이 특이하다고 생각했다. 원추형 모양의 지붕이 함석을 댄 것처럼 은빛으로 반짝거렸다. 유리 테라스에 들어섰을 때 비로소 그 까닭을 알았다. 지붕을 원추형으로 높게 세운 뒤 각각의 면을 유리창으로 댄 것이다. 따라서 햇빛은 창문 외에도 지붕을 통해서도 쏟아져 들어온다. 레핀은 "천국과도 같은 빛이 여기 있다"며 햇살을 아낌없이 받아들이는 집을 좋아했다.

화가의 작업실

　레핀은 매주 수요일에 집을 외부인에 공개했다. 일주일 중 엿새는 온전히 자신만의 시간을 갖고 나머지 하루는 교유의 시간으로 비워둔 것이다. 당대의 작가와 예술가들이 레핀을 만나기 위해 이 집을 찾곤 했다. 페나트이를 찾은 사람들 중에는 러시아 지성계의 정신적 지주였

레핀의 식당.
원형 식탁이 놓여 있다.

던 톨스토이를 비롯해 고골, 스타소프 등이 있었다. 손님들이 오면 주로 머무는 방이 바로 유리 테라스였다. 이곳에는 두 개의 흉상이 진열되어 있다. 왼쪽의 흰색은 스타소프, 오른쪽 검정색은 고골이다. 유리 테라스에 들어와 앉으면 실내인데도 꼭 숲속 한가운데 있는 것 같다.

식당은 작은 미술관처럼 사방에 그림이 걸려 있다. 다른 화가의 작품도 있다. 대부분은 복제품이지만 일부는 진품이다. 식당에서는 원형 식탁이 눈길을 끈다. 중앙이 회전하는 전형적인 중국식 원형 식탁이다. 특이하게도 각각의 자리마다 서랍이 달려 식기를 넣어둘 수 있게 만들어져 있다. 전체적으로 어딘가 조금은 어설프고 거칠게 보인다. 이 식탁은 부인 노르드만의 아이디어로 레핀이 직접 제작했다. 그 이유가 궁금하다. 부부는 집에 하인을 두지 않았다. 음식을 만들어 돌아가는 회전 테이블에 올려놓으면 손님들은 서랍에서 접시를 꺼내 자기가 먹을 분량을 각자 덜어먹는다. 그리고 사용한 접시는 먹은 사람이 각자 치운다. 부부는 초대 손님들에게 이를 지켜달라고 주지시켰다. 이를 지키지 않을 경우 구석에 서서 즉석연설을 하도록 '벌칙'을 정했다.

다음은 화가에게 가장 중요한 화실. 레핀은 2층 전체를 작업실로 꾸몄다. 초상화 대상이 되는 인물은 레핀 앞에서 모델이 되곤 했다. 넓고 푹신한 소파, 이젤, 탁자, 붓을 담아두는 물통 등이 보인다. 레핀이 그리다 만 미완성 작품 중에 〈푸슈킨 초상화〉가 눈길을 끈다. 푸슈킨 옆에 있는 노신사가 레핀이다. 두 번째 자화상이다.

이 작업실에서 1903년 〈창립 100주년 기념으로 1901년 5월 7일에 열린 국가 의회〉를 완성했다. 이 작품은 가로 9미터에 이르는 거대한 '관급 공사'였다. 이 작품을 그릴 때 레핀의 나이는 예순두 살이었다.

그런데 이 작품의 대상은 81명의 권력자들이었다. 여기서 곤란한 일이 발생했다. 권력자들을 작업실로 오라고 할 수도 없었고, 레핀이 그들을 일일이 찾아가 스케치할 수도 없는 일이었다. 이때 레핀은 문명의 이기를 활용했다. 바로 카메라였다.

부인 노르드만은 사진 전문학교를 졸업하고 사진 콩쿠르에 입상했을 정도로 사진에 조예가 있었다. 부부가 1900년 파리 여행을 하면서 레핀은 코닥카메라를 샀고, 노르드만에게 사진 기술을 배웠다. 그리고 사진기를 이용해 등장인물 81명의 표정과 제스처를 하나씩 찍었다. 이를 바탕으로 대작을 완성할 수 있었다. 사진을 보고 스케치하는 것이 직접 모델을 스케치하는 것보다는 수월하다. 하지만 그림을 그리는 작업은 다른 사람에게 시킬 수 없었다. 생물학적인 나이를 고려할 때 이런 대작은 무리였다. 이 작품을 완성한 뒤 레핀은 오른손 관절이 마비된다. 오른손이 불편해지자 붓을 잡는 횟수가 눈에 띄게 줄어들었다.

1911년에 남긴 작품으로 눈여겨 볼 것은 〈1815년 1월 8일 귀족학교 행사에서의 푸슈킨〉이다. 이 작품은 페테르부르크의 푸슈킨 박물

관에 전시되어 있다. 레핀은 시기적으로 푸슈킨을 만날 수 없었다. 레핀이 태어났을 때 푸슈킨의 백골은 진토가 되어 있었다. 그럼에도 레핀은 푸슈킨을 그리고 싶었을 것이다. 왜일까? 답은 간단하다. 푸슈킨이니까.

다시 러시아 미술관으로 되돌아가 본다. 1층 로비에서 계단실을 바라보고 왼쪽으로 간다. 세 번째 방인 54호에 들어섰다. 정면에 작품 하나가 벽면을 가득 채우고 있다. 제목은 〈창립 100주년 기념으로 1901년 5월 7일에 열린 국가 의회〉. 가로 8미터 77센티미터, 세로 4미터의 거대한 이 그림은 과거완료가 아닌 현재진행형이다. 관객을 빨아들여 그림에 동화시킨다. 마치 다른 두 시대가 같은 공간에 있는 것 같다. 그림을 디지털카메라로 찍는 사람이나 소파에 앉아 편안하게 감상하는 사람이 그림 속의 등장인물과 옷차림만 다를 뿐이다. 전시 공간 역시 그림에 포함되어 있다. 마치 연극무대에서 훤히 비치는 커튼을 열

러시아 미술관 로비

고 들어가면 그곳에서 다른 시간대의 삶이 진행되는 것처럼. 그림 속
의 인물들은 관람자를 의식하지 못할 뿐이다. 모두가 그림의 일부분
이 된다. 실로 놀라운 경험이다.

골고다 언덕의 묘지

1930년 9월 29일, 레핀은 86세로 이 집에서 눈을 감았다. 레핀은 사
랑하는 아내 노르드만을 먼저 저 세상에 보내고 혼자 16년을 더 살았
다. 레핀은 자신이 죽으면 공동묘지가 아닌 숲속 공원 골고다의 언덕
에 묻고 나무를 심어달라고 유언했다. 당시 장묘법은 공동묘지가 아닌
사유지에 묏자리를 쓸 수 없었지만 위대한 화가 레핀에게만은 예외 조
항이 적용되었다. 레핀은 유언대로 30년을 산 동산에 묻힐 수 있었다.
박물관을 나와 숲속을 걸어보았다. 박물관은 숲속 한가운데에 있다. 숲은 소나무와 자작나무가 주종을 이루고 있다. 아티스트와 작가에게는 언제든 머리를 식힐 수 있는 자연이 곁에 있어야 한다. 아무리 머리를 짜내도 글이 써지지 않거나 악상이 떠오르지 않거나 그림이 그려지지 않을 경우 언제나 그렇듯 자연만이 그 복잡한 실타래를 풀어준다. 천재 예술가는 자연과 신이 말하는 메시지를 알아듣고 이를 예술 언어로 바꾸어 인간에게 전해주는 사람이 아니던가. 레핀에게 페나트이는 그런 곳이었다.

레핀이 노르드만 명의로 매입한 땅은 대략 3,000~4,000평 정도. 거의 정사각형에 가깝다. 아름드리 소나무 사이로 난, 솔잎이 카페트처

레피노 숲

럼 폭신폭신 깔려 있는 오솔길을 천천히 걸어본다. 이제까지 맡아본 적이 없는 낯선 흙내음이 솔향과 함께 코를 찌른다. 부부가 만든 연못은 아담했다. 부부는 숲속에 나무로 그들만의 신전을 지었고, 그들만의 기호로 신전을 장식했다.

공원의 경계에 있는, 경사가 있는 언덕을 레핀은 '추구예프 언덕'이라고 명명했다. 레핀은 페테르부르크에서 위대한 화가가 되었으나 고향땅 추구예프를 오매불망 잊지 못했다. 그래서 언덕에 고향 이름을 붙였다. 레핀은 언덕 위에 목조 건물을 짓고 '세리지드 디 위 파빌론'이라는 이름을 붙여 노르드만에게 헌납했다. 세

라자드? 그렇다. 《아라비안나이트》에 나오는 궁녀의 이름이 바로 셰라자드이다. 《아라비안나이트》는 궁녀가 왕에게 천일 동안 각기 다른 이야기를 해주는 형식으로 전개된다. 천일 동안 천 가지의 이야기를 했다고 해서 '천일야화'로도 불린다. 《아라비안나이트》 이후 셰라자드는 지혜의 여신과 동의어가 되었고, 많은 예술가에게 모티브를 제공했다. 실제로 '셰라자드'는 라벨의 연가곡에도 이름을 빌려줬고, 림스키 코르사코프가 작곡한 교향 모음곡의 제목으로도 이름을 쓰게 했다. 노르드만은 곧 레핀에게 셰라자드이면서 뮤즈였다.

부부는 또 공원에 연못을 만들고 '노르드만의 작은 호수'라고 이름 붙였다. 숲속 한가운데에 있는 작은 둔덕을 '골고다의 언덕'이라고 불렀다. 소나무 숲속을 천천히 걸으니 한 시간은 족히 걸린다. 레핀이 세상을 떠난 때가 지금으로부터 84년 전이다. 지금만큼은 아니겠지만 그때도 숲은 무성했을 것이다. 숲속은 요정이 사는 공원이었다.

레핀이 화가로 이름을 알리기 시작한 때가 스물일곱 살. 비교적 빠른 나이였다. 그로부터 레핀은 꼭 40년간 왕성하게 그림을 그렸다. 그를 만나러 레피노에 오면서 궁금한 게 있었다. 어떻게 40년이란 세월 동안 뜨거운 열정과 샘솟는 영감을 유지할 수 있었는가 하는 점이다. 나는 숲속 공원을 거닐면서 깨달았다. 레핀 곁에는 뮤즈와 요정이 있었다. 예술가의 인생에서 이보다 더 좋은 환경이 있을 수 있을까.

이제 레핀이 영면하고 있는 묘지를 찾아가 본다. 숲속으로 나 있는 평탄한 오솔길을 걷다가 러시아 사람들이 걸어가는 방향으로 그냥 따라가기로 했다. 그 길은 아주 살짝 오르막 경사를 이루고 있었다. 길 옆으로 자작나무 몇 그루가 보였다. 오르막길 끝에는 무엇이 있을까. 숲에 가려 그 길 안쪽이 보이지 않았다. 하지만 사람들이 그쪽으로 가는 데는 분명 무슨 이유가 있을 것이다.

　　20여 미터쯤 올라가니 그곳이 바로 레핀이 영면하고 있는 묘지였
다. 하얀 꽃과 붉은 꽃으로 조성된 화단 위에 십자가 형태의 비목(碑
木)이 세워져 있었다. 그러나 그것뿐이다. 유럽의 공동묘지에서 흔히
볼 수 있는 석물(石物)은 없었다. 레핀은 유언에 나무를 심어달라고 했
지만 유언대로 할 수는 없었다. 나무 뿌리가 시신을 칭칭 감을 수도
있기에. 대신 참나무 십자가를 세웠다. 비목은 바로 이 공원에서 자란
참나무로 만든 것이다. 비목은 화려한 꽃들을 배경으로 밝고 화사한
분위기를 풍긴다. 나는 지금까지 많은 불멸의 천재들 묘지를 찾아가
봤지만 레핀의 묘지처럼 화사한 곳은 보지 못했다. 그는 완벽하게
자연으로 돌아간 것이다. 위대한 화가는 꽃이불을 덮고 곤히 잠들어
있다.

참고문헌

《도스또예프스끼 평전》, E. H. 카 지음, 김병익·권영빈 공역, 열린책들

《도스또예프스끼와 여성》, 마르끄 슬로님 지음, 이종진 옮김, 열린책들

《도스토예프스키, 돈을 위해 펜을 들다》, 석영중 지음, 예담

《도스토예프스키 판타스마고리아 상트페테르부르크》, 이덕형 지음, 산책자

《러시아 미술사 — 위대한 유토피아의 꿈》, 이진숙 지음, 민음사

《백야의 뻬쩨르부르그에서》, 이병훈 지음, 한길사

《뻬쩨르부르그 연대기 외》, 도스또예프스끼 지음, 이항재 옮김, 열린책들

《쇼스타코비치》, 음악세계

《예브게니 오네긴》, 알렉산드르 뿌쉬낀 지음, 석영중 옮김, 열린책들

《죄와 벌》 상, 도스또예프스끼 지음, 홍대화 옮김, 열린책들

《죄와 벌》 하, 도스또예프스끼 지음, 홍대화 옮김, 열린책들

《차이코프스키》, 음악세계

《천 개의 얼굴 천 개의 영혼, 일리야 레핀》, 일리야 레핀 외 지음, 이현숙 옮김, 씨네스트

《첫사랑 외》, 투르게네프·푸슈킨 지음, 이동현 옮김, 삼성출판사

《최하림의 러시아 예술기행》, 최하림 지음, 랜덤하우스

《푸슈킨 — 러시아 낭만주의를 읽는 열가지 방법》, 김진영 지음, 서울대학교 출판부

《푸슈킨》, 쯔베또바 지음, 이상원 옮김, 건국대학교 출판부

《Shostakovich A Life》, Laurel E. Fay, Oxford University Press

《St. Petersburg — Eyewitness Travel》, DK

《The Dostoevsky Museum in Saint-Peterburg》, N. Ashimbaeva·V. Biron, The Norwegian
    Society of Friends of the Dostoevsky Museum

《The Hermitage》, Alfa-Colour Art Publishers

《А.С. ПЧШКИН, ОСОБНЯК НА МОЙКЕ》, ГалцнаСеЭова

《АлександрПОЗНАНСКИЙСмертьЧайковского》, ЛезенЭьг цФакмьг

《МОСКВА КРЕМЛЬ ШОСТАКОВИЧУ》, ОксанаДворниченко

찾아보기

인명

작품명